GUÍA PRÁCTICA DE INTELIGENCIA ARTIFICIAL PARA DOCENTES

MARGARITA GUTIÉRREZ

Contenido

INTRODUCCIÓN

En los últimos años, la inteligencia artificial (IA) ha pasado de ser un concepto propio de la ciencia ficción a convertirse en una realidad cotidiana que atraviesa todos los ámbitos de nuestra vida. Desde las recomendaciones personalizadas en plataformas digitales hasta los asistentes virtuales que nos ayudan a organizar nuestro día a día, la IA ya está aquí. Y ha llegado también a la escuela.

El mundo educativo, a menudo percibido como lento en su transformación, se encuentra ante una oportunidad única: integrar la inteligencia artificial de forma crítica, pedagógica y creativa. Este libro nace con la intención de acompañar a los docentes en ese proceso. No se trata de una guía técnica ni de un manual para programadores, sino de una herramienta pensada para quienes educan, planifican y están abiertos a innovar, sin perder de vista los principios éticos y pedagógicos que deben guiar nuestra práctica.

A lo largo de sus páginas, recorreremos juntos dos grandes caminos: el primero, destinado a comprender qué es la IA, cómo funciona y qué implicaciones tiene su uso en el aula; el segundo, dedicado a explorar herramientas concretas, ejemplos reales y estrategias prácticas que permitan a los profesores incorporar esta tecnología de forma eficaz y responsable.

Porque sí, la IA puede ayudarnos a personalizar el aprendizaje, a atender mejor la diversidad del aula, a generar materiales adaptados, a evaluar de forma más justa o a liberar tiempo de tareas repetitivas. Pero también puede reproducir sesgos, reforzar desigualdades o convertirse en una moda sin sustancia si no se utiliza con criterio.

Por eso, en este libro propongo un enfoque equilibrado: con bases científicas y pedagógicas sólidas, pero también con ejemplos concretos y lenguaje claro. Porque creemos que no se trata de sustituir al docente por una máquina, sino de empoderarlo con nuevas herramientas para educar mejor.

Bienvenido/a a este viaje. La IA no es el futuro: es el presente. Y está en nuestras manos decidir cómo la integramos en el aula.

— Margarita Gutiérrez.

1.1. Origen y evolución de la IA

La inteligencia artificial (IA) no es una invención reciente, aunque su implementación en la vida cotidiana haya ganado fuerza en los últimos años. De hecho, el deseo humano de crear máquinas capaces de imitar funciones mentales ha existido durante siglos. En la antigua Grecia ya se escribían mitos sobre autómatas mecánicos; más tarde, en el siglo XVIII, surgieron ingeniosos dispositivos como "el turco ajedrecista", que parecía jugar al ajedrez por sí solo, aunque en realidad era manipulado por una persona oculta.

Fue en 1956 cuando John McCarthy, Marvin Minsky, Nathaniel Rochester y Claude Shannon propusieron formalmente estudiar si una máquina podía simular cualquier aspecto del aprendizaje o la inteligencia humana. Aquel encuentro en Dartmouth College marcó el nacimiento oficial de la disciplina de la inteligencia artificial (McCarthy et al., 2006).

Durante sus primeras décadas, la IA evolucionó entre avances prometedores y periodos de escepticismo, conocidos como "inviernos de la IA", cuando la tecnología no lograba cumplir las expectativas. Sin embargo, la revolución del machine learning (aprendizaje automático), junto con el crecimiento exponencial de los datos y la mejora del hardware, ha generado una nueva era: hoy convivimos con sistemas de IA sin apenas notarlo.

En el ámbito educativo, esto se traduce en plataformas que adaptan contenidos al nivel de cada estudiante, asistentes que responden preguntas complejas, y herramientas que ayudan a los docentes a planificar, evaluar y atender a la diversidad del aula.

"La inteligencia artificial es una herramienta. El desafío está en saber para qué la usamos, cómo y con qué propósito educativo"

1.2. IA débil vs IA fuerte: ¿qué usamos en educación?

Para entender mejor el tipo de inteligencia artificial que utilizamos en el aula, conviene distinguir entre dos conceptos clave:

◇ IA débil o estrecha

Este tipo de IA está diseñada para realizar tareas concretas, como clasificar imágenes, traducir textos o generar resúmenes. Es el tipo de IA que usamos hoy en día en educación: por ejemplo, cuando un estudiante escribe un texto y una herramienta le sugiere correcciones gramaticales, o cuando un docente emplea un generador de rúbricas para crear una evaluación personalizada.

Las herramientas como ChatGPT, Brisk Teaching, Schoolia o Canva Docs AI forman parte de esta categoría. No tienen conciencia ni razonamiento autónomo, pero pueden ofrecer resultados útiles gracias al análisis masivo de datos.

IA fuerte o general

Este tipo de IA, todavía teórica, implicaría una máquina con capacidades cognitivas similares a las humanas: comprensión profunda, sentido común, aprendizaje transversal. Aunque ha sido explorada por la ciencia ficción, hoy en día no existe una IA fuerte funcional, y no se espera que llegue a corto plazo.

En educación, todo lo que utilizamos pertenece al ámbito de la IA débil, que aún así puede ser muy potente cuando se combina con una planificación pedagógica adecuada.

¿Cómo funcionan estos sistemas?

La mayoría de las herramientas actuales se basan en el machine learning, un sistema que aprende a partir de grandes cantidades de datos. Dentro de este campo, el deep learning (aprendizaje profundo) utiliza redes neuronales artificiales que imitan —de forma muy simplificada— cómo funciona el cerebro humano. Estas redes son las que permiten, por ejemplo, que una IA reconozca imágenes o genere respuestas a preguntas complejas.

Aunque no "piensa" como una persona, la IA puede aprender de patrones y ofrecer soluciones adaptadas. En manos de un docente, esto puede traducirse en un acompañamiento más personalizado y eficiente.

1.3. Mitos y realidades de la inteligencia artificial

El creciente interés por la IA ha venido acompañado de múltiples mitos, temores y expectativas. Veamos algunos de los más frecuentes, y qué hay de cierto en ellos:

Mito 1: "La IA reemplazará a los profesores"

Una de las ideas más extendidas (y erróneas) es que los robots sustituirán a los docentes. Nada más lejos de la realidad. Si bien algunas tareas administrativas pueden automatizarse, el papel del profesor como mediador del aprendizaje, como guía emocional y ético, es irreemplazable.

"La IA no puede sustituir la empatía, el juicio pedagógico ni la capacidad de adaptación del docente"

Mito 2: "La IA entiende lo que decimos"

No. Los sistemas actuales no tienen comprensión real. Procesan grandes cantidades de datos y generan respuestas probabilísticas. Esto significa que pueden generar textos o imágenes convincentes, pero sin comprender su significado.

Por eso es tan importante que los educadores actúen como filtros críticos, y enseñen al alumnado a hacer lo mismo: evaluar, contrastar, validar.

Mito 3: "La IA es neutral"

Este es uno de los mitos más peligrosos. Los sistemas de IA aprenden a partir de los datos que se les proporciona. Si esos datos están sesgados (por ejemplo, con prejuicios raciales, de género o de clase), la IA los reproducirá. En educación, esto podría suponer inequidades en el acceso o el trato hacia determinados grupos.

Por eso es vital no confiar ciegamente en estos sistemas, y fomentar una mirada crítica desde la escuela.

IA en acción: ¿cómo se aplica ya en la escuela?

Aunque pueda parecer algo futurista, muchas aulas ya usan IA sin saberlo. Aquí van algunos ejemplos:

Plataformas adaptativas como Khan Academy o SmartyAnts, que ajustan el nivel de dificultad de los ejercicios según el progreso del estudiante.

Asistentes docentes como ChatGPT o Brisk Teaching, que ayudan a planificar clases o generar recursos didácticos en segundos.

Corrección automatizada en pruebas tipo test o ensayos cortos, que permiten ofrecer feedback inmediato.

Análisis predictivo, que detecta patrones de bajo rendimiento y alerta al docente para intervenir a tiempo.

Lo importante no es la herramienta en sí, sino cómo se utiliza. La IA, bien aplicada, puede mejorar la enseñanza, pero necesita una guía humana, una mirada ética y un propósito pedagógico.

2.1. Usos cotidianos de la IA: desde el algoritmo hasta el asistente virtual

La inteligencia artificial se ha convertido en una presencia silenciosa pero constante en nuestras vidas. Aunque no siempre la identifiquemos, su uso es tan cotidiano como mirar una serie en Netflix o recibir una recomendación musical en Spotify. La IA está detrás de nuestras búsquedas en Google, del orden en el que aparecen nuestras publicaciones en redes sociales y de los filtros que determinan qué correos entran a nuestra bandeja de spam.

En otras palabras, la IA nos acompaña cada día, moldea nuestras decisiones y adapta el entorno digital a nuestras preferencias. Este fenómeno también está alcanzando el ámbito educativo, con plataformas adaptativas, herramientas de asistencia docente y aplicaciones que permiten personalizar los itinerarios de aprendizaje.

"Los algoritmos ya no solo nos muestran el mundo: también lo interpretan por nosotros".

Ejemplos de IA en la vida diaria:

Asistentes virtuales: Siri, Alexa o Google Assistant utilizan procesamiento del lenguaje natural para responder preguntas, dar recordatorios o controlar dispositivos.

Plataformas de contenidos: YouTube, Netflix y TikTok personalizan lo que vemos usando modelos predictivos.

Aplicaciones educativas: Duolingo adapta las actividades

al ritmo del usuario; plataformas como BriskTeaching generan actividades alineadas con el currículo escolar.

Estos usos abren nuevas oportunidades en el aula, pero también generan preguntas éticas y pedagógicas que deben abordarse desde la escuela.

2.2. El impacto de la IA en el mundo laboral y la ciudadanía digital

El avance de la inteligencia artificial está transformando no solo nuestra forma de consumir contenido, sino también nuestra manera de trabajar, relacionarnos y aprender. Las tareas rutinarias o predecibles están siendo progresivamente automatizadas, y la demanda de habilidades humanas complejas crece cada día más.

Nuevas demandas del mercado laboral

Según el Foro Económico Mundial (2023), más del 40 % de las competencias necesarias en los próximos cinco años serán distintas de las actuales. Habilidades como la resolución de problemas, el pensamiento crítico, la creatividad, la colaboración y la alfabetización digital serán fundamentales para convivir y trabajar con tecnologías inteligentes.

De usuarios a ciudadanos digitales

La ciudadanía digital ya no puede entenderse sin una alfabetización algorítmica. Los estudiantes no solo deben aprender a usar herramientas digitales, sino también a comprender cómo funcionan, qué decisiones toman por ellos y cómo esas decisiones pueden afectar su acceso a la información, su privacidad y su autonomía.

"La IA no debe ser una caja negra que usamos sin entender. En la educación, toda tecnología debe pasar por el filtro de la ética y la pedagogía" (Luckin et al., 2016, p. 8).

En este contexto, la escuela tiene la responsabilidad de

formar a futuros ciudadanos que no sean meros consumidores de algoritmos, sino sujetos críticos capaces de analizar, decidir y crear tecnología con conciencia social.

2.3. Ética y principios para una IA educativa responsable

El uso de IA en el ámbito educativo puede ser una oportunidad extraordinaria para personalizar la enseñanza, ahorrar tiempo al profesorado y reducir brechas de aprendizaje. Sin embargo, también puede convertirse en un riesgo si no se implementa con una base ética clara.

Uno de los mayores desafíos de la IA es que los sistemas no son neutros. Aprenden a partir de datos, y esos datos pueden contener sesgos de género, raza, clase, cultura o capacidad. Si no se revisan, los algoritmos pueden reproducir y amplificar esas desigualdades.

Ejemplos de riesgos reales:

Una aplicación de IA que recomienda itinerarios educativos podría basarse en datos que refuerzan estereotipos (por ejemplo, menos actividades STEM para niñas).

Un sistema predictivo puede etiquetar a un estudiante como "de bajo rendimiento" en función de antecedentes académicos, sin tener en cuenta otros factores personales.

Un algoritmo puede dificultar el acceso a información diversa si se alimenta solo de interacciones anteriores (famosa "burbuja algorítmica").

2.4. Principios éticos clave de la IA (según la Comisión Europea)

Para evitar estos riesgos y construir una IA educativa justa, inclusiva y segura, la Comisión Europea (2021) propone siete principios fundamentales. A continuación, los explicamos uno a uno con ejemplos educativos:

1. Supervisión humana

La IA debe estar siempre bajo el control y la supervisión de personas. En el ámbito escolar, esto significa que las decisiones importantes no deben tomarse exclusivamente por algoritmos. Un ejemplo: si una plataforma sugiere repetir un ejercicio, el docente debe poder validar o modificar esa recomendación según su criterio.

El profesor no debe delegar su rol en la tecnología, sino usarla como apoyo a su juicio pedagógico.

2. Solidez técnica y seguridad

Los sistemas deben funcionar correctamente, sin fallos que pongan en peligro la información o el aprendizaje. Por ejemplo, una aplicación que genera contenidos para alumnos no puede ofrecer respuestas erróneas sin advertencias claras.

Las herramientas usadas en clase deben ser fiables, estar actualizadas y tener sistemas de corrección de errores.

3. Privacidad y gobernanza de datos

La protección de los datos personales, especialmente en el caso de menores, es esencial. Las plataformas deben informar sobre qué datos recogen, para qué se usan y quién puede acceder a ellos.

Antes de usar cualquier herramienta de IA en el aula, el docente debe verificar si cumple con el Reglamento General de Protección de Datos (RGPD).

4. Transparencia

Los sistemas deben ser comprensibles para los usuarios. Si una plataforma recomienda un contenido o asigna una calificación, debe poder explicar por qué.

La opacidad algorítmica en educación es peligrosa: los docentes y familias deben tener acceso a explicaciones claras y accesibles.

5. Diversidad, no discriminación y equidad

Los sistemas deben evitar cualquier tipo de discriminación. Esto implica diseñar IA con datos diversos y pruebas que garanticen la equidad para estudiantes con distintas capacidades, culturas y contextos.

Una IA bien diseñada puede ser una aliada de la inclusión; una mal diseñada, puede excluir sin que lo notemos.

6. Bienestar social y ambiental

La IA debe beneficiar al conjunto de la sociedad y contribuir al desarrollo sostenible. Esto incluye reflexionar sobre el impacto medioambiental de su uso (por ejemplo, el alto consumo energético de algunos modelos) y su influencia en la salud mental del alumnado.

Una tecnología educativa que genera ansiedad o dependencia no puede considerarse pedagógicamente sana.

7. Responsabilidad

Debe haber mecanismos claros para reclamar o revisar decisiones tomadas por sistemas de IA. Las empresas y desarrolladores deben asumir su parte de responsabilidad, y los centros educativos deben garantizar procesos de evaluación y control.

Si un alumno recibe un informe automatizado con errores, debe haber un canal para corregirlos y explicar cómo ocurrieron.

2.5. Educar para decidir: ética, conciencia y acción

En resumen, usar la IA en el aula no es simplemente incorporar herramientas innovadoras, sino una decisión ética, pedagógica y social. Como educadores, debemos:

Evaluar críticamente cada tecnología antes de implementarla.

Explicar al alumnado qué es un algoritmo y cómo puede influir en sus decisiones.

Fomentar el uso responsable, seguro y justo de la inteligencia artificial.

Enseñar que la tecnología puede ser una aliada, pero nunca un sustituto de la reflexión humana.

"Educar en tiempos de IA es enseñar a convivir con lo automático sin perder lo humano" (UNESCO, 2021, p. 112).

3. Fundamentos pedagógicos del uso de IA en el aula

3.1. Constructivismo, conectivismo y nuevas metodologías con IA

La integración de la inteligencia artificial en educación no debe limitarse a introducir tecnología en el aula. Para que la IA aporte verdadero valor pedagógico, es imprescindible situarla dentro de modelos educativos sólidos que pongan en el centro al estudiante, su desarrollo integral y su contexto sociocultural. Las teorías del aprendizaje, lejos de quedar obsoletas, son más necesarias que nunca para guiar el uso significativo de estas herramientas.

◇ Constructivismo: construir el conocimiento desde la experiencia

El constructivismo, influenciado por las ideas de Piaget, Vygotsky y Bruner, propone que el aprendizaje no es una copia pasiva de la realidad, sino el resultado de una construcción activa en la que el alumno reorganiza sus conocimientos a partir de nuevas experiencias. En este modelo, la interacción con el entorno, el lenguaje y los otros tiene un papel esencial.

La IA puede ser un aliado poderoso del constructivismo cuando:

Ofrece simulaciones inmersivas que permiten explorar fenómenos complejos.

Adapta el contenido al nivel de comprensión del estudiante, facilitando la zona de desarrollo próximo (Vygotsky, 1978).

Genera retroalimentación inmediata que orienta la reflexión y la metacognición.

Ejemplo: Una aplicación de IA que permite a los alumnos modelar fenómenos físicos (como la gravedad o la electricidad) y visualizar sus efectos mediante realidad aumentada promueve una comprensión activa y experiencial del conocimiento.

◇ Conectivismo: aprender en red en la era digital

George Siemens (2005) y Stephen Downes desarrollaron el conectivismo como respuesta a los cambios provocados por Internet y las tecnologías emergentes. Según esta teoría, el conocimiento se encuentra distribuido a través de redes y sistemas, y el aprendizaje consiste en conectar nodos de información relevantes.

La IA se inscribe de lleno en esta lógica, ya que:

Permite a los estudiantes acceder a múltiples fuentes, analizar datos y sintetizar información.

Facilita la navegación personalizada a través de contenidos digitales.

Promueve el aprendizaje colaborativo, al facilitar entornos donde la información se genera y comparte en tiempo real.

Ejemplo: Un asistente conversacional como ChatGPT puede ser un compañero de aprendizaje que dialoga, plantea preguntas, sugiere fuentes y ayuda a contrastar ideas, siempre bajo supervisión pedagógica.

3.2. El nuevo rol del docente en la era de la inteligencia artificial

El avance de la IA en el ámbito educativo plantea una transformación profunda del papel tradicional del docente. Esta transformación no supone una pérdida de protagonismo, sino una redefinición del mismo. El profesor ya no es solo transmisor de información, sino diseñador de experiencias, curador de contenidos, facilitador del pensamiento crítico y mediador entre tecnología y aprendizaje significativo.

◇ De transmisor a diseñador de experiencias

El docente del siglo XXI debe ser capaz de:

Seleccionar las herramientas de IA más adecuadas según los objetivos didácticos.

Diseñar tareas que promuevan la exploración, la colaboración y la creatividad.

Utilizar la IA para personalizar la enseñanza sin deshumanizarla.

Esto implica pasar de la planificación rígida a una estructura flexible, donde la IA puede ofrecer opciones, sugerir rutas o proponer actividades diferenciadas, que luego son adaptadas, evaluadas y validadas por el docente.

"La inteligencia artificial no sustituirá a los docentes. Pero los docentes que sepan usarla bien sí sustituirán a quienes no lo hagan" (Luckin et al., 2016, p. 20).

Nuevas competencias profesionales

La integración de IA exige el desarrollo de nuevas competencias docentes:

Competencia digital avanzada: comprender el funcionamiento básico de los algoritmos y cómo impactan en el aula.

Competencia ética: identificar riesgos, sesgos, derechos digitales y promover el uso responsable.

Competencia pedagógica adaptativa: diseñar secuencias didácticas que integren IA sin perder el foco humano.

Ejemplo: un docente que utiliza una herramienta de IA para generar rúbricas puede ahorrar tiempo, pero debe revisar críticamente los criterios propuestos, adaptarlos a su alumnado y garantizar que reflejan los valores inclusivos del proyecto educativo.

3.3. Riesgos, desafíos y oportunidades pedagógicas

Este epígrafe es crucial, ya que permite ir más allá del entusiasmo tecnológico y abordar el uso de la IA con mirada crítica, ética y contextualizada. La IA no es neutral: sus efectos dependen del cómo, cuándo y por qué se utiliza.

3.3.1. Riesgos pedagógicos del uso de la IA

a) Reducción del pensamiento crítico

Si los estudiantes utilizan la IA como fuente única o incuestionable, pueden dejar de ejercitar habilidades fundamentales como la argumentación, la búsqueda contrastada de información o la resolución de problemas complejos.

Ejemplo: usar una IA para que "escriba un trabajo" sin analizar la información generada limita la autonomía intelectual del alumno.

b) Homogeneización del aprendizaje

Muchas plataformas de IA proponen contenidos "adecuados al nivel", pero a menudo lo hacen basándose en patrones generales y no en las características individuales del estudiante. Esto puede reforzar etiquetas como "bueno" o "malo para las matemáticas" y restringir oportunidades de mejora.

c) Despersonalización educativa

Un uso indiscriminado de la IA puede hacer que el aula pierda lo más valioso: la interacción humana. El contacto emocional, la escucha activa y la empatía no pueden ser sustituidos por algoritmos.

d) Exclusión digital

El acceso desigual a la tecnología y a una conexión estable sigue siendo una barrera real. Si la IA se convierte en el centro del proceso educativo, el alumnado con menos recursos puede quedar en desventaja.

3.3.2. Desafíos éticos y profesionales

a) Sesgos algorítmicos

La IA aprende de datos previos. Si esos datos están contaminados por desigualdades sociales o culturales, los algoritmos pueden reproducirlos. Esto puede impactar en procesos de evaluación, diagnóstico o acceso a oportunidades.

"Los algoritmos son espejos de nuestras decisiones pasadas. Si no los revisamos críticamente, repetirán nuestros errores" (Eubanks, 2018, p. 40).

b) Opacidad de los sistemas

Muchos docentes utilizan plataformas con IA sin saber cómo funcionan. Esta "caja negra" dificulta la evaluación pedagógica de sus decisiones, generando dependencia tecnológica sin comprensión crítica.

c) Privacidad y protección de datos

El uso de IA implica una gran recolección de datos del alumnado. En contextos escolares, esto debe estar regulado, justificado y alineado con la legislación vigente (como el RGPD en Europa). Especial cuidado requiere el uso con menores de edad.

d) Responsabilidad compartida

Cuando una IA sugiere una intervención o proporciona un resultado, ¿quién es responsable? ¿El docente? ¿El desarrollador? Es necesario establecer marcos de responsabilidad claros para evitar abusos o negligencias.

3.3.3. Oportunidades pedagógicas

A pesar de los riesgos, la IA ofrece oportunidades extraordinarias si se implementa con intención pedagógica:

a) Personalización real del aprendizaje

Herramientas como Scribe, Curipod o Khan Academy permiten ajustar tareas al ritmo, estilo y nivel de cada estudiante, fomentando la equidad y la motivación.

b) Inclusión y accesibilidad

La IA puede ser una aliada para alumnos con dislexia, TDAH, barreras lingüísticas o diversidad funcional:

Lectores de texto.

Generadores de resúmenes.

Traducción automática en tiempo real.

Conversores de voz a texto.

c) Retroalimentación inmediata y continua

Los sistemas de IA pueden ofrecer feedback formativo en tiempo real, facilitando la mejora continua. Esto permite al docente centrar su atención en intervenciones cualitativas más profundas.

d) Creatividad y expresión

La IA generativa puede apoyar proyectos de escritura, arte, música o ciencia. Usada con sentido crítico, potencia la expresión individual y colectiva del alumnado.

e) Gestión docente más eficiente

La automatización de tareas administrativas, la generación de materiales y la evaluación inicial permiten al docente liberar tiempo para tareas pedagógicas de mayor valor

4. Legislación, privacidad y protección de datos

4.1. Marco legal europeo y nacional sobre IA y educación

La inteligencia artificial en educación plantea nuevos escenarios legales y éticos que deben abordarse desde la normativa vigente. Si bien las tecnologías avanzan a gran velocidad, el marco legal —aunque más lento— comienza a establecer criterios claros para su desarrollo y uso.

◇ Legislación europea: hacia una IA confiable

La Unión Europea ha sido pionera en el establecimiento de principios éticos y normativos para la IA. Dos documentos fundamentales guían la acción:

1. *Ethics Guidelines for Trustworthy AI* (European Commission, 2021)

Este documento establece siete principios clave (transparencia, privacidad, equidad, etc.) que deben guiar el desarrollo de sistemas de IA confiables, especialmente en sectores sensibles como la educación.

2. *AI Act* (Propuesta de Reglamento del Parlamento Europeo, 2021)

Es la primera legislación del mundo que pretende regular la IA por niveles de riesgo. Define como "alto riesgo" el uso de IA en procesos educativos que puedan afectar significativamente a la vida de las personas (evaluación, selección de alumnos, asignación de recursos).

La educación, según el AI Act, requiere máxima supervisión humana y medidas de protección reforzadas.

◇ Legislación española

España, como Estado miembro, se alinea con la

normativa europea. Además, existen leyes específicas que afectan el uso de tecnologías en el aula:

Ley Orgánica 3/2018, de Protección de Datos Personales y garantía de los derechos digitales (LOPDGDD).

LOMLOE (2020), que promueve el desarrollo de la competencia digital y el uso ético de la tecnología en el sistema educativo.

La Agencia Española de Protección de Datos (AEPD) ha elaborado guías específicas para centros educativos, orientando sobre el uso de plataformas digitales, cámaras, dispositivos móviles y recolección de datos personales de menores.

4.2. Uso responsable y seguro de la IA en contextos escolares

El uso de herramientas con inteligencia artificial en el aula debe cumplir no solo con la legalidad, sino también con los principios éticos y pedagógicos. Esto incluye analizar el tipo de tecnología utilizada, el tratamiento de los datos del alumnado y la finalidad educativa que se persigue.

¿Qué debemos tener en cuenta?

a) Consentimiento informado y explícito

Si una plataforma utiliza datos personales del alumnado (nombre, imágenes, voz, rendimiento académico), debe contar con el consentimiento previo de las familias, especialmente cuando se trata de menores.

b) Finalidad clara y proporcional

Solo deben recogerse los datos estrictamente necesarios para el funcionamiento pedagógico. No se puede justificar la recolección masiva de datos "por si acaso".

c) Evaluación de impacto en privacidad (PIA)

Cuando se va a implementar una herramienta con IA en un centro educativo, es recomendable —y en algunos casos obligatorio— realizar una Evaluación de Impacto de

Protección de Datos, que analice riesgos, beneficios y medidas de mitigación.

d) Supervisión y formación docente

El profesorado debe estar formado en aspectos legales básicos. El desconocimiento de la ley no exime de su cumplimiento. Cada centro debe definir protocolos de uso seguro, revisar los términos de servicio de las herramientas y garantizar la transparencia.

"La confianza digital en la escuela se construye con conocimiento, responsabilidad y participación de toda la comunidad educativa" (AEPD, 2020).

4.3. Protección de menores y datos personales en entornos digitales

Los niños y adolescentes forman parte de un grupo especialmente protegido por la legislación europea. El Reglamento General de Protección de Datos (RGPD) establece que el tratamiento de sus datos debe ser especialmente cuidadoso, garantizando su seguridad, privacidad y derecho a decidir.

¿Qué son datos personales sensibles?

En el contexto educativo, se consideran datos personales sensibles aquellos que revelan:

Resultados académicos.

Necesidades específicas de apoyo educativo (ACNEAE).

Discapacidad o condición médica.

Origen étnico, religión o situación socioeconómica.

Estos datos requieren un tratamiento reforzado, cifrado y con acceso limitado exclusivamente al personal autorizado.

Buenas prácticas para centros y docentes

Acción pedagógica	Recomendación legal
Usar una plataforma de IA para personalizar tareas	Verificar si trata datos personales y firmar contrato de encargado de tratamiento
Grabar una clase online con IA de transcripción	Avisar, justificar su uso y eliminar grabaciones una vez cumplida la finalidad
Subir materiales generados por alumnos a plataformas con IA	Solicitar consentimiento familiar y no usar datos identificativos
Evaluar a través de IA que sugiere itinerarios	Supervisar decisiones automatizadas y documentar criterios

La privacidad es un derecho educativo. Enseñar a protegerla es también una competencia digital clave para el siglo XXI.

Recomendaciones clave para docentes y equipos directivos

Revisar los términos de uso de cada herramienta digital que se utilice con el alumnado.

Evitar plataformas opacas o sin domicilio legal claro en la UE.

Solicitar siempre consentimiento informado a las familias cuando se usen herramientas que recojan datos.

Formar al profesorado en derechos digitales, uso seguro de la tecnología y protección de la infancia en el entorno digital.

Diseñar protocolos internos sobre uso ético de herramientas con IA en cada centro educativo

5. IA para la planificación y evaluación

5.1. Diseño de unidades y situaciones de aprendizaje con IA

La planificación educativa implica traducir el currículo a situaciones significativas de aprendizaje, adecuadas al contexto y a las necesidades del alumnado. Esto exige tiempo, creatividad y criterios pedagógicos sólidos. La inteligencia artificial puede colaborar en esta tarea como una herramienta de apoyo al diseño pedagógico, ofreciendo propuestas iniciales, materiales complementarios y sugerencias adaptadas.

¿Qué tareas de planificación puede apoyar la IA?

- Generar borradores de unidades didácticas o situaciones de aprendizaje.
- Proponer objetivos y competencias clave en función del tema o nivel educativo.
- Sugerir actividades gamificadas, cooperativas o creativas.
- Adaptar tareas a distintos niveles de competencia o necesidades específicas.
- Redactar instrucciones, secuencias y rúbricas iniciales.
- Herramientas recomendadas

Plataformas como Brisk Teaching, Curipod o ChatGPT

permiten introducir un tema o nivel educativo y obtener una propuesta base. Estas propuestas suelen incluir actividades, materiales, rúbricas e incluso preguntas de evaluación. El docente puede ajustarlas para adecuarlas al grupo y al currículo vigente.

Importante: la IA propone, el docente decide

Es fundamental entender que estas herramientas no reemplazan el juicio pedagógico. Pueden ofrecer plantillas o inspiraciones, pero no conocen a tus alumnos, su cultura, su contexto o sus emociones. Por eso, toda propuesta generada debe:

- Revisarse críticamente.
- Adaptarse al entorno educativo.
- Validarse en función de los criterios de evaluación oficiales.

5.2. Evaluación automatizada y feedback personalizado

La evaluación es una de las áreas donde más potencial ofrece la inteligencia artificial. Automatizar ciertas tareas libera tiempo para la observación, el acompañamiento y la reflexión pedagógica. Además, permite ofrecer al alumnado retroalimentación inmediata, elemento clave para el aprendizaje significativo (Black & Wiliam, 2009).

Tipos de evaluación asistida por IA

Diagnóstica: para detectar conocimientos previos y diseñar la intervención adecuada.

Formativa: para acompañar el proceso de aprendizaje con feedback constante.

Sumativa: para valorar logros finales de forma objetiva.

La IA permite también recoger evidencias a lo largo del tiempo, comparar el progreso y detectar patrones de mejora o dificultad.

Herramientas clave para la evaluación

Algunas plataformas permiten generar:

Cuestionarios interactivos con retroalimentación automática (Edpuzzle, Formative).

Rúbricas personalizadas y evaluaciones automáticas (Brisk, RubicStar).

Informes de seguimiento por alumno o grupo (Class Companion, Schoolia).

Corrección automática de ejercicios escritos o tipo test (Gradescope).

La IA puede también sugerir intervenciones para mejorar el rendimiento o apoyar al estudiante que necesita refuerzo, aunque nunca debe sustituir la interpretación humana del proceso.

5.3. Herramientas para crear rúbricas, informes y seguimiento

A continuación, se presenta una tabla comparativa con las principales herramientas de IA disponibles actualmente para apoyar la planificación y evaluación docente. Esta tabla puede servir como guía práctica para seleccionar las más adecuadas según las necesidades pedagógicas

Tabla: Herramientas de IA para planificación y evaluación

	Uso principal	Ventajas destacadas	Precauciones / Revisión docente
ChatGPT	Generación de contenido, ideas y	Versátil, flexible, disponible en varios idiomas	Revisar actualidad de contenidos

	feedback personalizado		
Brisk Teaching	Generación automática de planes de clase y rúbricas	Ahorra tiempo, alineación con currículo	Validar actividades propuestas y rúbricas
Curipod	Diseño de presentaciones y situaciones interactivas	Fomenta participación activa, visual y adaptable	Ajustar contenido al contexto real del aula
Khan Academy (IA)	Evaluación adaptativa con tutoría paso a paso	Retroalimentació n inmediata y personalizada	Supervisar la adaptación real al estudiante
Edpuzzle	Evaluación formativa con vídeos interactivos	Inserta preguntas, analiza comprensión visual	Fomentar análisis crítico, evitar uso pasivo
Class Companion	Análisis de resultados y feedback automático	Visualiza evolución, identifica errores comunes	Interpretar los datos antes de intervenir
Schoolia	Seguimient o emocional y académico con IA	IA para personalización real, informes globales	Supervisar interpretación de la IA, proteger datos sensibles
Gradescope	Corrección automática de exámenes y tareas	Optimiza tiempos, asegura consistencia	Revisar correcciones automatizadas con muestras
RubicStar (IA)	Creación guiada de rúbricas personalizadas	Plantillas editables, fácil integración	Revisar descriptores y niveles con criterios curriculares
Formative	Evaluación continua en línea con IA	Feedback inmediato, informes por estudiante	Complementa r con evaluación cualitativa

Reflexión final para docentes

La IA puede ser un valiosa en la tarea docente, pero no un sustituto del pensamiento pedagógico crítico. Planificar, evaluar y acompañar con IA es posible, pero requiere:

- Conocimiento de las herramientas.
- Formación en competencias digitales y éticas.
- Toma de decisiones basada en la experiencia y el conocimiento del grupo.

6. Inteligencia Artificial para la personalización del aprendizaje

6.1. Plataformas adaptativas y asistentes educativos

La personalización del aprendizaje es uno de los objetivos más deseados del sistema educativo actual. Desde hace décadas, las corrientes pedagógicas promueven un enfoque que respete el ritmo, los intereses y las necesidades de cada estudiante. Sin embargo, en la práctica, la atención individualizada ha sido limitada por las condiciones estructurales del aula: ratios elevadas, diversidad creciente y tiempo escaso.

La inteligencia artificial representa una oportunidad significativa para avanzar en la personalización real del proceso educativo, ofreciendo entornos donde los contenidos y actividades se ajustan automáticamente a los niveles, progresos y preferencias de los estudiantes. Esta adaptación no se realiza de forma genérica, sino mediante algoritmos que analizan el comportamiento, los errores, los aciertos, el tiempo de respuesta o incluso la secuencia de clics de cada alumno.

Sistemas adaptativos inteligentes

Los sistemas adaptativos con IA integran tres componentes esenciales:

Un modelo del estudiante: datos que permiten identificar su nivel, estilo y ritmo de aprendizaje.

Un sistema de decisión: algoritmos que seleccionan el contenido o la actividad más adecuada.

Un motor de retroalimentación: ofrece información

inmediata y específica sobre el desempeño.

Estas plataformas se enriquecen continuamente mediante machine learning, es decir, van aprendiendo del comportamiento de los propios usuarios, ofreciendo propuestas cada vez más afinadas.

Herramientas educativas destacadas

Plataforma	Características principales	Nivel educativo recomendado
Khan Academy (con IA)	Plataforma gratuita con rutas adaptativas en matemáticas y ciencias.	Primaria y secundaria
Century Tech	IA que crea itinerarios personalizados basados en el progreso del estudiante.	Secundaria y bachillerato
Smartick	Enfocada en cálculo mental y lógica, con sesiones diarias de corta duración.	Primaria
Lexia Learning	Adaptación lectora basada en evidencias, con IA para identificar patrones y lagunas.	Infantil y primaria
DreamBox Learning	Plataforma visual y lúdica de matemáticas con itinerarios adaptativos.	Primaria y primer ciclo de secundaria

Estas herramientas pueden integrarse en el aula de forma flexible: como refuerzo individual, apoyo en tareas autónomas o parte de modelos blended y flipped classroom.

6.2. Algoritmos de refuerzo y rutas de aprendizaje individualizadas

Uno de los elementos más potentes de la IA en educación es su capacidad para generar rutas personalizadas de aprendizaje, ajustadas en tiempo real. Estos recorridos se construyen a partir de algoritmos de refuerzo, que analizan cómo actúa el estudiante y qué secuencias le resultan más eficaces para avanzar.

Los sistemas no solo se basan en respuestas correctas o incorrectas, sino que consideran aspectos como:

Tiempo empleado en cada tarea.

Número de intentos realizados.

Tipo de error cometido (conceptual, de procedimiento, de distracción).

Comportamiento interactivo (saltos, pausas, repeticiones).

Con esta información, el sistema puede ajustar el nivel de dificultad, ofrecer explicaciones adicionales, cambiar el formato de presentación o proponer contenidos alternativos. El objetivo es mantener al estudiante en su "zona de desarrollo próximo" (Vygotsky, 1978), es decir, en un nivel de desafío adecuado a su potencial actual.

Beneficios pedagógicos de las rutas individualizadas

Mayor motivación al evitar la frustración o el aburrimiento.

Mejora en la retención del conocimiento gracias a una secuencia personalizada.

Fomento de la autonomía y autorregulación.

Desarrollo de hábitos de estudio adaptados al propio ritmo.

Riesgos pedagógicos y éticos

Efecto de etiquetado: si el sistema categoriza al estudiante como "de bajo rendimiento", puede limitar su acceso a contenidos avanzados.

Falta de diversidad metodológica: el algoritmo puede reforzar un único estilo de aprendizaje.

Reducción de la interacción social: si la personalización es excesiva, el estudiante pierde oportunidades de cooperación, debate o trabajo en equipo.

Falta de supervisión docente: sin una intervención humana crítica, el proceso se vuelve opaco e incontrolable.

Por estas razones, es esencial que los algoritmos sean supervisados pedagógicamente, y que las decisiones importantes (evaluación, promoción, intervención) no se basen exclusivamente en resultados automatizados.

6.3. Inteligencia Artificial para la inclusión y la atención a la diversidad

La educación inclusiva es uno de los grandes desafíos de la escuela contemporánea. Atender a la diversidad implica responder a múltiples variables: ritmos de aprendizaje, capacidades cognitivas, situaciones socioeconómicas, niveles de competencia lingüística, diversidad funcional, necesidades emocionales, entre otras.

La IA, bien utilizada, puede ser una herramienta poderosa para mejorar la equidad educativa, ofreciendo recursos adaptados a estudiantes que tradicionalmente han sido excluidos, invisibilizados o desatendidos.

Aplicaciones inclusivas de la IA

Tipo de necesidad	Herramienta con IA	Función específica
Dislexia	Read&Write, BeeLine Reader	Adaptación visual del texto, lectura en voz, apoyo ortográfico
Trastorno por déficit de atención (TDAH)	Focus@Will, Freedom	Control de distractores, ayuda en la organización del tiempo
Dificultades lectoras	ClaroSpeak, Scribe, Speechify	Lectura adaptada, audiolectura, segmentación silábica
Barreras lingüísticas	Google Translate, Immersive Reader	Traducción contextual, lectura asistida, diccionario integrado
Diversidad funcional motora	Voice Access, Dictation.io	Control por voz, dictado automático, accesibilidad en plataformas digitales

Estas herramientas no solo apoyan el aprendizaje, sino que favorecen la autonomía y dignidad del estudiante, evitando que dependa permanentemente de un adulto o de una adaptación física.

Principios para una integración inclusiva de la IA

La tecnología debe complementar, no reemplazar, la atención personalizada.

La accesibilidad digital debe garantizarse en todos los entornos educativos.

Las familias deben participar en la selección y uso de las herramientas de IA.

El alumnado debe ser formado para usarlas de forma autónoma, crítica y segura.

El uso de IA debe respetar los derechos de privacidad, protección de datos y consentimiento informado.

"La IA puede ser un puente hacia la equidad educativa, pero también puede convertirse en una barrera invisible si no se gestiona con justicia y conciencia".

Reflexión pedagógica final

Personalizar no significa individualizar en exceso. La escuela es, por naturaleza, un espacio de socialización, colaboración y construcción colectiva. La IA puede contribuir a que cada estudiante avance a su ritmo, supere barreras y desarrolle todo su potencial, pero nunca debe reemplazar la experiencia humana del aprendizaje compartido.

Por tanto, el reto no es si usamos IA, sino cómo la usamos: con qué propósitos, bajo qué criterios pedagógicos, con qué límites y con qué acompañamiento docente. Solo desde esa mirada ética y crítica podrá la inteligencia artificial contribuir a una educación más inclusiva, justa y transformadora.

7. Creatividad e innovación con inteligencia artificial en el aula

7.1. La IA como catalizadora de la creatividad escolar

Durante décadas, la creatividad ha sido una competencia transversal deseada pero difícil de fomentar sistemáticamente en las aulas. Las exigencias curriculares, los modelos de evaluación rígidos y la falta de recursos han limitado el desarrollo de procesos expresivos, artísticos o innovadores. Sin embargo, el desarrollo de herramientas de inteligencia artificial generativa abre una nueva etapa: la posibilidad de crear, transformar y comunicar de forma multimodal, sin necesidad de conocimientos técnicos avanzados.

La inteligencia artificial no sustituye la creatividad humana, pero puede convertirse en un motor de inspiración y un medio de expresión alternativo. Al permitir generar texto, imágenes, música o vídeo con simples instrucciones escritas, se democratiza el acceso a medios antes reservados a especialistas.

Estas posibilidades tienen un fuerte potencial didáctico: permiten integrar tecnologías emergentes en proyectos STEAM, en trabajos de expresión literaria, en educación artística, en ciencias sociales o en idiomas, con un enfoque interdisciplinar y activo.

7.2. Herramientas de IA generativa para el aula

A continuación, se presenta una selección de herramientas de inteligencia artificial que permiten generar diferentes tipos de contenido educativo y creativo, junto a sus principales usos pedagógicos:

Tabla. Herramientas de IA para creatividad e innovación educativa

Herramienta	Tipo de contenido generado	Aplicaciones educativas
ChatGPT	Texto: guiones, cuentos, diálogos, explicaciones	Escritura creativa, simulación de diálogos, resolución de problemas
DALL·E	Imágenes desde texto	Ilustración de relatos, visualización de conceptos, arte digital
Suno	Canciones originales con letra y música	Creación de canciones educativas, expresión musical, proyectos artísticos
Sora (OpenAI)	Vídeos generados desde texto	Narrativas visuales, resumen de contenidos, proyectos multimedia
Diffit	Textos adaptados a distintos niveles de lectura	Lectura inclusiva, adaptación de materiales, apoyo a la comprensión lectora
Brisk Teaching	Planes de clase, rúbricas, feedback, recursos didácticos	Diseño de situaciones de aprendizaje coherentes con el currículo
Canva (IA integrada)	Presentaciones, diseños e infografías con ayuda de IA	Pósteres, campañas, proyectos visuales colaborativos
Lumen5	Vídeos educativos con IA a partir de texto	Exposiciones, presentaciones narradas, síntesis visuales
Soundraw	Música personalizada generada por IA	Ambientación de proyectos, creación sonora para vídeos o podcast escolares

Craiyon	Dibujos desde descripciones textuales	Ilustraciones artísticas, expresión emocional, proyectos de arte
Tome	Presentaciones con IA narrativa y visual	Exposiciones orales, prototipos de trabajo final, storytelling académico
Animoto	Vídeos con fotos, texto y clips multimedia	Producciones colaborativas, líneas del tiempo, biografías o proyectos sociales

Estas herramientas no deben verse como productos cerrados, sino como puntos de partida para el pensamiento divergente, la exploración estética y la creación personalizada.

7.3. Proyectos educativos con IA generativa

Narrativa digital y storytelling

El uso de IA para construir narrativas permite a los estudiantes combinar texto, imagen, música y voz en proyectos transmedia que desarrollan:

Competencia lingüística y literaria.

Pensamiento creativo y secuencial.

Capacidad de síntesis y expresión emocional.

Ejemplo: un grupo de estudiantes de primaria puede escribir un cuento cooperativo con ChatGPT, ilustrarlo con DALL·E, componer la canción de un personaje con Suno y presentarlo como libro digital animado con Sora o Animoto.

Proyectos STEAM y artísticos

La IA permite diseñar y materializar prototipos, arte digital, juegos educativos o materiales sonoros con facilidad. En el marco de un proyecto interdisciplinar, los estudiantes pueden:

Crear ilustraciones científicas para un informe.

Diseñar infografías sobre un tema de investigación.

Programar una exposición sonora sobre el cambio

climático.

Construir una presentación visual con Tome para defender una propuesta de innovación social.

Gamificación y recursos interactivos

Herramientas como Brisk Teaching, Canva, Tome o Diffit permiten crear entornos gamificados, recursos diferenciados y rutas visuales que convierten el aprendizaje en una experiencia más atractiva.

7.4. De consumidores a creadores: pensamiento crítico con IA

Un riesgo evidente del uso de IA generativa en el aula es que los estudiantes se conviertan en usuarios pasivos que aceptan los contenidos generados sin análisis. La función del docente es justamente la contraria: enseñar a evaluar, reinterpretar y mejorar lo que la IA ofrece.

Estrategias para fomentar el pensamiento crítico

Pedir al alumnado que compare un texto generado por IA con otro escrito por un autor humano.

Invitar a editar, mejorar o cambiar el punto de vista de una imagen generada automáticamente.

Cuestionar los sesgos implícitos en una narración o en la representación visual de un personaje.

Promover el trabajo por iteraciones: idea inicial con IA, mejora con criterios artísticos, validación final.

La IA no sustituye la creatividad, pero puede servir como andamio cognitivo para construir nuevas ideas. Para que esto ocurra, es esencial enseñar a los estudiantes a usar estas herramientas con autonomía, criterio y propósito.

7.5. Consideraciones éticas y pedagógicas

El uso de herramientas generativas con menores implica también retos éticos: propiedad intelectual, veracidad de las fuentes, contenido apropiado, sesgos culturales o discriminatorios, privacidad.

Recomendaciones clave:

Supervisar siempre los resultados generados antes de usarlos en el aula.

Enseñar al alumnado a verificar, citar y reformular los contenidos.

Usar plataformas con políticas claras de protección de datos y fines educativos definidos.

Integrar la IA dentro de metodologías activas y no como sustituto de la reflexión o la producción personal.

Conclusiones

La creatividad escolar ya no se limita al lápiz, el papel y el aula física. Con la inteligencia artificial como aliada, se abren nuevas formas de aprender, expresar y transformar la realidad educativa. Lo fundamental es que esta creatividad no sea mecánica ni superficial, sino vinculada a la emoción, la crítica, la estética y el compromiso social.

Una educación innovadora no es aquella que incorpora muchas herramientas, sino aquella que usa las herramientas con sentido, al servicio del desarrollo integral del estudiante.

8.1. Primeros pasos: formación, mentalidad y propósito

Incorporar la inteligencia artificial en el aula no requiere conocimientos avanzados en informática, pero sí exige una actitud abierta al cambio, voluntad de experimentar y compromiso con la mejora educativa. El punto de partida debe ser pedagógico, no técnico: ¿para qué usarla?, ¿cómo mejora el aprendizaje?, ¿cómo garantiza la equidad?

Consejos iniciales para comenzar

Formarse progresivamente: asistir a cursos, leer guías, seguir a docentes innovadores.

Probar una herramienta a la vez: empezar con una plataforma sencilla (como Diffit o Brisk) antes de avanzar.

Integrarla en una secuencia didáctica real: no usarla como elemento decorativo, sino para resolver una necesidad concreta.

Observar el impacto en el alumnado: reflexionar sobre qué mejora, qué se mantiene y qué puede ajustarse.

Compartir la experiencia: con compañeros/as del centro, redes profesionales o comunidades docentes.

"Empezar pequeño, pensar en grande, actuar con propósito pedagógico"

8.2. Aplicaciones prácticas según etapa educativa

Educación Infantil (3-6 años)

En esta etapa, el uso de la IA debe ser siempre mediado por el adulto, con una finalidad lúdica, expresiva o de apoyo sensorial. No se trata de automatizar contenidos, sino de ampliar experiencias sensoriales y lingüísticas.

Ejemplos específicos:

Creación de canciones personalizadas con *Suno*: los niños dictan frases que se convierten en canciones. Ideal para rutinas, emociones o cuentos.

Ilustración de cuentos con *DALL·E* o *Craiyon*: a partir de una historia inventada por el grupo, se generan imágenes para armar un libro digital.

Dictado por voz a imagen: se describe una escena y la IA la convierte en una ilustración. Trabaja vocabulario, narrativa oral y comprensión.

Lectura asistida con voz artificial: herramientas como *Speechify* ayudan a leer cuentos en voz alta con diferentes entonaciones.

Uso clave: fomentar el lenguaje oral, la imaginación y la participación activa en procesos simbólicos.

Educación Primaria (6-12 años)

La etapa primaria permite un uso más autónomo de herramientas, siempre con acompañamiento. Es ideal para promover la escritura creativa, la visualización de ideas, el trabajo cooperativo y el pensamiento crítico.

Ejemplos específicos:

Escribir cuentos por capítulos con IA (*ChatGPT*): los estudiantes escriben el inicio y piden a la IA sugerencias para continuarlo. Luego debaten y reescriben.

Adaptación de textos con *Diffit*: un mismo contenido se presenta en tres niveles de lectura. Útil para trabajar comprensión lectora inclusiva.

Creación de vídeos explicativos con *Lumen5* o *Sora*: a partir de un tema del currículo, se genera un vídeo-resumen que se expone en clase.

Diseño de presentaciones con *Canva*: con IA integrada, permite generar visuales llamativos para trabajos de historia, ciencias o inglés.

Composición musical de proyectos con *Soundraw* o *Suno*: los alumnos crean una melodía para ambientar un podcast o un vídeo grupal.

Uso clave: desarrollar la competencia digital, la producción multimodal y la colaboración.

Educación Secundaria (12-16 años)

En secundaria, la IA se convierte en una herramienta para profundizar en el análisis crítico, la argumentación y la autorregulación del aprendizaje. Es posible trabajar contenidos complejos, ética digital y metodologías activas apoyadas en tecnología.

Ejemplos específicos:

Debates simulados con IA: se formula una pregunta ética o política, y ChatGPT representa un personaje histórico o una ideología. El alumnado debate con argumentos.

Generación de vídeos documentales con *Sora* o *Animoto* sobre temas sociales, científicos o culturales, incluyendo imágenes y narración con IA.

Revisión gramatical y sugerencias de estilo con *Brisk Teaching*: ideal para mejorar textos argumentativos en lengua o historia.

Creación de proyectos STEAM: uso de IA para modelar soluciones a problemas reales (por ejemplo, una ciudad sostenible, un sistema de alerta temprana, etc.).

Análisis crítico de contenido generado por IA: comparar una noticia falsa generada por IA con fuentes contrastadas.

Uso clave: fomentar la autonomía intelectual, el pensamiento crítico y la competencia ciudadana digital.

8.3. Recursos y comunidades para seguir aprendiendo

Existen múltiples recursos gratuitos y accesibles para iniciarse en el uso educativo de la IA:

Plataformas y guías recomendadas

UNESCO (2023): *AI and Education: Guidance for Policymakers*. Guía completa sobre uso ético de IA en educación.

Common Sense Education: reseñas y criterios de evaluación de herramientas EdTech.

AI4K12.org: marco curricular para introducir IA en distintos niveles educativos.

ISTE (International Society for Technology in Education): propuestas de desarrollo profesional docente.

Teaching AI (book by Michelle Zimmerman): estrategias prácticas y pedagógicas.

Cursos y formación docente

MOOC "Artificial Intelligence in Education" – Universidad de Helsinki (en inglés).

Formación del INTEF (España) sobre competencia digital docente (incluye IA).

Guías y webinars de *Edutopia*, *The AI Education Project* o *Google for Education*.

8.4. Buenas prácticas y recomendaciones finales

Evalúa la herramienta antes de usarla: ¿Qué datos recoge? ¿Cuál es su propósito? ¿Tiene versión educativa?

Haz partícipe al alumnado en el proceso: que comprendan cómo funciona la IA, qué limitaciones tiene y cómo pueden usarla con responsabilidad.

Apóyate en el equipo docente: compartir experiencias, resolver dudas, diseñar conjuntamente.

Combina IA con metodologías activas: aprendizaje basado en proyectos, gamificación, flipped classroom.

Respeta la privacidad y la seguridad digital: aplica protocolos y obtén consentimiento cuando sea necesario.

La inteligencia artificial no sustituye la pedagogía, pero puede enriquecerla si se pone al servicio de la creatividad, la inclusión y el pensamiento crítico

1. Justificación y enfoque pedagógico

Este proyecto está diseñado para alumnado de 3.º a 6.º de Educación Primaria, integrando contenidos de lengua, ciencias sociales, ciencias naturales, matemáticas y educación artística. Parte de una situación significativa: la necesidad de cuidar el medio ambiente, y tiene como objetivo que los estudiantes elaboren una campaña digital de concienciación medioambiental usando herramientas de inteligencia artificial de forma creativa y ética.

El enfoque metodológico es el aprendizaje basado en proyectos (ABP), una metodología activa que fomenta la autonomía, la cooperación, la resolución de problemas reales y el pensamiento crítico. La IA se incorpora como herramienta de apoyo y expresión multimodal, no como fin en sí misma.

2. Título del proyecto

"Cuidamos el planeta con inteligencia: una campaña para salvar nuestro entorno"

3. Producto final

Una campaña multimedia digital compuesta por:

Un vídeo con IA que resuma el problema medioambiental y proponga soluciones.

Una canción original creada con IA para motivar la acción.

Un póster interactivo con infografías ilustradas con herramientas de IA.

Un documento reflexivo donde se explica cómo se usó la IA de forma responsable.

4. Objetivos de aprendizaje

Conocer los principales problemas medioambientales de su entorno.

Desarrollar competencias digitales e informacionales.

Usar herramientas de IA para crear mensajes de concienciación.

Trabajar en equipo de forma cooperativa.

Desarrollar la competencia lingüística, artística y científica.

Reflexionar sobre el uso ético de la tecnología.

5. Secuencia del proyecto (4 semanas)

Semana	Actividad	Herramientas IA	Áreas trabajadas
1	Exploración del entorno y lluvia de ideas sobre problemas ambientales	ChatGPT (para buscar ejemplos y definir temas)	Ciencias, lengua
2	Investigación por equipos y redacción del mensaje principal	Diffit (adaptar textos informativos)	Ciencias, lengua, matemáticas
3	Producción de materiales: canción, cartel e imagen	Suno (canción), DALL·E (ilustraciones), Canva	Educación artística, TIC
4	Montaje del vídeo y exposición del proyecto	Sora, Lumen5 (vídeo resumen)	Lengua, expresión oral, competencia digital

6. Herramientas de IA propuestas

ChatGPT: para búsqueda y generación de ideas iniciales.

Diffit: para adaptar información científica a distintos niveles de lectura.

DALL·E: para crear imágenes personalizadas de su entorno y mensajes visuales.

Suno: para componer una canción educativa sobre el cuidado del planeta.

Lumen5 / Sora: para generar un vídeo final que resuma todo el trabajo.

Brisk Teaching: para crear rúbricas y ofrecer retroalimentación escrita.

7. Evaluación del proyecto

La evaluación será continua, cooperativa y competencial. Se valorará el proceso y el producto final mediante observación, autoevaluación, coevaluación y una rúbrica final.

Rúbrica de evaluación final del proyecto

Criterio	Excelente (4)	Bien (3)	A mejorar (2)	Inicial (1)
Comprensión del tema	Explica con claridad el problema y propone soluciones originales	Explica bien el problema y aporta alguna solución adecuada	Muestra comprensión parcial del problema	No comprende el problema ni su relevancia
Trabajo cooperativo	Participa activamente y colabora en todo momento	Participa en la mayoría de las tareas	Participa de forma intermitente o pasiva	No colabora ni respeta el trabajo grupal
Uso creativo de la IA	Usa la IA con originalidad, sentido ético y propósito pedagógico	Usa la IA adecuadamente para apoyar su campaña	Usa la IA con ayuda o con poco aprovechamiento	No comprende el uso de la IA o la utiliza de forma inadecuada

Calidad del producto final	La campaña es clara, estética, motivadora y con mensaje efectivo	La campaña es clara y cumple su propósito	La campaña presenta algunas ideas interesantes, pero poco cohesionadas	El producto no es coherente ni comprensible
Expresión oral y presentación	Se expresa con seguridad, claridad y entusiasmo	Se expresa con claridad y cumple con el tiempo previsto	Se expresa con dificultad o lee constantemente	Tiene dificultad para expresarse ante el grupo

¿Te está resultando útil este libro?

Si has llegado hasta aquí, es porque la inteligencia artificial ya está empezando a formar parte de tu práctica docente.

Tu opinión es muy valiosa: ayuda a otros docentes a decidirse, me permite mejorar futuras ediciones y hace que este proyecto llegue más lejos.

¿Podrías dedicar un minuto a dejar una reseña en Amazon?

Solo unas palabras sobre lo que más te ha aportado pueden marcar la diferencia. Haz click en el enlace o bien captura el código QR que tienes a continuación:

https://amzn.to/4khNPLN

Gracias por ser parte activa de esta comunidad educativa que transforma el aula con sentido, ética y creatividad.

CAPÍTULO 10
Cómo escribir *prompts* eficaces

10.1. ¿Qué es un *prompt* y por qué es importante?

En el universo de la inteligencia artificial, un *prompt* es el mensaje o instrucción que damos a una herramienta para que genere una respuesta. Puede ser una pregunta, una indicación, una descripción o incluso un reto creativo. Así como una buena consigna guía el trabajo del alumnado, un buen *prompt* determina la calidad de la respuesta de la IA.

"El *prompt* es el puente entre la intención del docente y el resultado de la máquina" (Zamora, 2023, p. 17). Aprender a escribir buenos *prompts* es una competencia pedagógica emergente que permite al profesorado usar la IA de forma precisa, ética y alineada con los objetivos educativos.

10.2. Tipos de *prompts* más comunes en educación

Podemos clasificar los *prompts* en función de su complejidad y propósito:

Tipo de prompt	Descripción	Ejemplo en el aula
Cerrado	Instrucción simple y directa	"Genera una rúbrica de 4 niveles para evaluar una exposición oral en 5.º de Primaria."
Abierto	Indicación general que permite mayor creatividad	"Dame ideas para una actividad sobre reciclaje que promueva el trabajo en equipo."
Encadenado	Serie de prompts relacionados para afinar el resultado	"1. Sugiere actividades para el Día del Libro. 2. Ahora, adapta una para alumnado con dislexia."

Estructurado	Incluye contexto, rol, tarea y objetivo (prompt engineering)	"Actúa como docente de 4.º de Primaria. Diseña una actividad gamificada para repasar los ríos de España. Incluye criterios de evaluación."

10.3. Estrategias para escribir *prompts* eficaces

Para obtener respuestas útiles y coherentes de la IA, conviene seguir algunas estrategias:

Define el contexto: Nivel educativo, asignatura, tipo de alumnado.

Especifica el formato del resultado: lista, tabla, texto, rúbrica, resumen...

Limita o amplía el enfoque: Puedes pedir "ideas originales", "3 ejemplos reales" o "una actividad adaptada a TDAH".

Utiliza el rol del sistema: Frases como "actúa como", "imagina que eres" orientan mejor el tono.

Ejemplo comparativo:

Prompt mejorable	Prompt mejorado
"Haz una actividad sobre el agua"	"Diseña una actividad para 3.º de Primaria que trabaje el ciclo del agua de forma manipulativa, en grupos, y con rúbrica de evaluación."

10.4. Errores frecuentes al usar prompts

N.º	Error común	Ejemplo incorrecto	Recomendación
1	Ser demasiado vago o ambiguo	"Haz un examen."	"Crea 5 preguntas tipo test sobre los ecosistemas para 6.º de Primaria, con 4 opciones cada una y señalando la correcta."
2	Dar instrucciones contradictorias	"Haz un texto corto y con muchos detalles	Sé claro en lo que priorizas: extensión o nivel de detalle.

		científicos."	
3	Pedir lo que no se puede generar con fiabilidad	"Dame los datos actualizados de absentismo en 2024."	Buscar fuentes oficiales verificadas para información actual y contrastada.
4	No revisar ni adaptar el resultado	–	El prompt no sustituye la mirada docente. Siempre se debe verificar, adaptar y contextualizar la respuesta.

10.5. Plantilla para crear *prompts* educativos

Puedes usar esta estructura para redactar tus propios *prompts*:

Actúa como [rol]. *Diseña/crea/responde* [tarea] *para* [nivel educativo] *sobre* [contenido o competencia]. *Incluye* [formato, número, estilo]. *Adáptalo a* [diversidad, metodología, contexto].

Ejemplo completo:
Actúa como docente de Educación Primaria. Diseña una situación de aprendizaje de 3 sesiones para 4.º curso sobre el ahorro de agua, con enfoque de Aprendizaje Basado en Proyectos (ABP) y rúbrica de evaluación. Incluye una actividad adaptada para un alumno con TDAH.

10.6 Lista de Prompts Listos para Usar en Educación
Educación Infantil (3-6 años)
Cuento adaptado
Escribe un cuento corto y rimado sobre un elefante que aprende a compartir sus juguetes. Usa lenguaje sencillo y repeticiones para niños de 4 años.

Canción educativa

Crea una canción infantil con ritmo pegadizo para enseñar los colores en español. Incluye gestos para acompañar la canción.

Juego simbólico guiado

Diseña una actividad de juego simbólico para una clase de 5 años en la que simulen ser médicos cuidando a animales. Incluye materiales y consignas.

Descripción de emociones

Genera una historia breve para trabajar las emociones con niños de Infantil, centrada en la tristeza y cómo gestionarla. Usa personajes animales.

Actividad sensorial

Proponme una actividad sensorial para trabajar los cinco sentidos con niños de 3 años, utilizando materiales reciclados.

Educación Primaria (6-12 años)

Planificación de situación de aprendizaje

Diseña una situación de aprendizaje para 4.º de Primaria sobre el reciclaje, en 3 sesiones, con enfoque cooperativo y rúbrica para evaluar.

Lectura adaptada

Resume el texto "La célula" y adáptalo a un nivel de lectura fácil para un alumno de 5.º de Primaria con dificultades lectoras.

Actividad de matemáticas gamificada

Crea un juego de pistas para trabajar las multiplicaciones con alumnos de 3.º de Primaria. Que sea cooperativo y con roles definidos.

Texto narrativo con IA

Actúa como un autor infantil y escribe el inicio de una historia de aventuras para niños de 9 años protagonizada por una niña astronauta.

Rúbrica de expresión oral

Crea una rúbrica de 4 niveles para evaluar una exposición oral en 6.º de Primaria, con criterios sobre contenido, expresión, orden y contacto visual.

Adaptación para diversidad

Adapta una actividad de ciencias sobre los estados del agua para un alumno con TDAH en 4.º de Primaria, proponiendo apoyos visuales y tiempos flexibles.

Educación Secundaria (12-16 años)

Ensayo argumentativo

Redacta un esquema de ensayo sobre el cambio climático para 3.º de ESO, con introducción, tesis, tres argumentos y conclusión.

Actividad crítica con IA

Diseña una actividad para trabajar el pensamiento crítico en 2.º de ESO, donde los alumnos comparen dos noticias (una real y una falsa) sobre tecnología.

Debate con rol histórico

Prepara un debate ficticio entre Marie Curie y Galileo Galilei sobre el papel de la ciencia en la sociedad. Dirigido a estudiantes de 4.º de ESO.

Rúbrica de proyecto interdisciplinar

Crea una rúbrica para un proyecto STEAM en 1.º de ESO donde los alumnos diseñen una ciudad sostenible. Incluye criterios de creatividad, trabajo en equipo y aplicación científica.

Pregunta tipo EBAU

Genera 3 preguntas tipo EBAU sobre el tema de "La Guerra Fría" para una clase de Historia de 4.º de ESO. Incluye un esquema de respuesta esperada.

Adaptación para alumnado NEAE

Adapta una actividad sobre la Revolución Francesa para un alumno con dislexia en 2.º de ESO. Propón materiales visuales y estrategias de apoyo.

Conclusión

Saber escribir *prompts* es hoy una habilidad pedagógica clave. Nos permite sacar el máximo provecho a herramientas de IA como ChatGPT, Brisk o Diffit, manteniendo siempre el control didáctico. Un buen *prompt* no sustituye la planificación, pero puede ser el mejor punto de partida.

11.1. ¿Qué es Brisk Teaching y qué puede hacer por ti como docente?

Brisk Teaching es una plataforma basada en inteligencia artificial diseñada para apoyar al profesorado en la creación de contenidos, planificación didáctica, evaluación y retroalimentación personalizada. Su interfaz simple y su integración con herramientas como Google Docs o Google Classroom la convierten en una aliada accesible para docentes que desean ahorrar tiempo sin renunciar a la calidad pedagógica.

Entre sus funciones destacadas se encuentran:

Generación de planes de clase completos alineados con objetivos curriculares.

Creación automatizada de rúbricas personalizadas.

Corrección de redacciones y actividades escritas con comentarios formativos.

Simplificación o enriquecimiento de textos para distintos niveles de lectura.

Traducción y adaptación de contenidos para alumnado con diversidad lingüística.

"El objetivo de Brisk no es reemplazar al docente, sino potenciar su impacto educativo mediante una IA pedagógicamente entrenada" (Brisk, 2024).

11.2. Registro, configuración inicial y consejos de

seguridad

Pasos para comenzar:

Accede a www.briskteaching.com

Regístrate con una cuenta de Google o correo institucional.

Instala la extensión de Chrome o usa directamente la versión web.

Concede permisos para acceder a Google Docs o Google Classroom si deseas integrarlo.

En las siguientes imágenes podemos observar cómo crear un cuestionario de Google Forms directamente de un vídeo en Youtube. Para ello, antes deberemos tener fijada la aplicación en nuestro panel de extensiones de Google.

1   Click on button

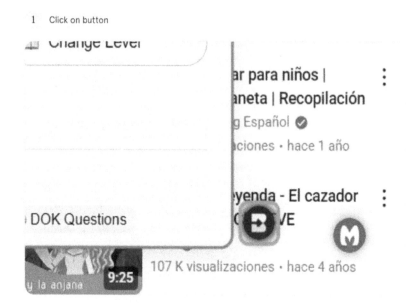

2   Click on Create

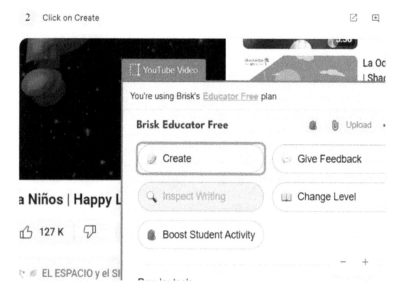

3 Click on Quiz

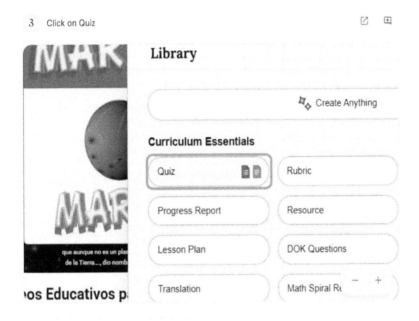

4 Type$ {label}

5   Click on Brisk It

6   Click on highlight

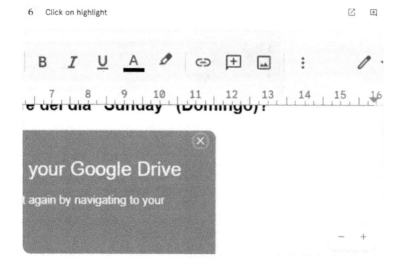

8   Click on Compartir

9   Click on Guardar

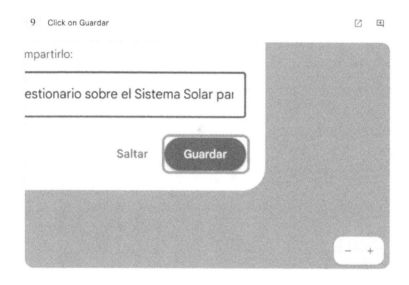

10   Click on Hecho

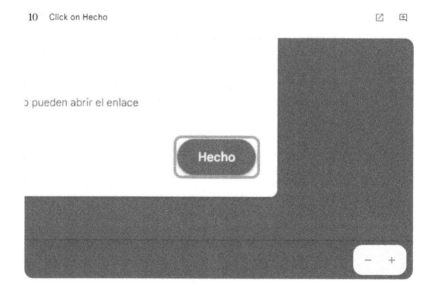

Consejos de seguridad:

Utiliza cuentas institucionales o educativas.

No introduzcas datos personales de alumnos en los campos de entrada.

Lee y revisa los términos de uso y política de privacidad (Brisk cumple con FERPA y COPPA para EE. UU., pero se debe contrastar su adecuación al RGPD europeo).

Supervisa siempre los textos generados antes de compartirlos con el alumnado.

A continuación, tendrás acceso a un completo y exclusivo videotutorial con el que aprenderás a generar diversos recursos con esta herramienta, paso a paso. Puedes hacer click en el enlace o captar el siguiente código QR.

https://bit.ly/4kpv5d6

11.3. Creación de planes de clase, rúbricas y feedback automatizado

Una de las funciones estrella de Brisk Teaching es la generación automática de planes de clase. Solo necesitas escribir el tema o el objetivo general, seleccionar el nivel educativo y pulsar un botón. En segundos, la herramienta ofrece una secuencia didáctica con:

Objetivos de aprendizaje.

Actividades iniciales, de desarrollo y cierre.

Indicadores de evaluación.

Sugerencias de adaptación.

También puedes generar rúbricas específicas: elige el tipo de tarea (exposición oral, ensayo, proyecto, etc.) y Brisk propondrá descriptores organizados en niveles. Todo se puede editar fácilmente.

Además, si corriges textos escritos del alumnado en Google Docs, Brisk ofrece comentarios personalizados y sugerencias directamente sobre el documento, ahorrando tiempo de retroalimentación. ¡Cuidado! Nunca incluyas sus nombres reales.

Puedes aprender a crear rúbricas perfectas en este vídeo del canal @enseñarconia. Haz click en el enlace o capta el código QR que tienes a continuación.

Enlace: https://youtu.be/GA0ircQf4ns

11.4. Casos prácticos: cómo usar Brisk con LOMLOE en Primaria

Ejemplo 1: Situación de aprendizaje sobre el agua: (3.º de Primaria). Prompt:
"Diseña una unidad de aprendizaje de 3 sesiones para 3.º de Primaria sobre el uso responsable del agua, alineada con la LOMLOE. Incluye competencias clave y criterios de evaluación."

Resultado:

Propuesta con actividades manipulativas, cooperativas y con rúbrica incluida.

Competencias digitales, científicas y sociales integradas.

Ejemplo 2: Rúbrica para presentación oral en 5.º de Primaria.

Prompt:

"Crea una rúbrica de 4 niveles para evaluar una presentación oral en Ciencias Naturales, centrada en los ecosistemas."

Resultado:

Descriptores para contenido, expresión oral, uso de recursos visuales y trabajo en equipo.

Editable y exportable a documento PDF o Google Docs.

Ejemplo 3: Feedback formativo en redacciones.

Al cargar una redacción en Google Docs, Brisk puede detectar errores gramaticales, dar sugerencias de mejora y ofrecer comentarios sobre la estructura, claridad y estilo. Esto permite realizar una evaluación formativa más detallada y objetiva.

11.5. Consejos de uso ético y recomendaciones para sacarle el máximo partido

El uso de Brisk Teaching debe responder siempre a un propósito pedagógico claro. Aquí tienes algunas recomendaciones clave:

Aprovecha Brisk como punto de partida, no como producto final. Siempre adapta las propuestas a tu grupo, contexto y necesidades.

Revisa críticamente las rúbricas generadas, asegurándote de que estén alineadas con los criterios de evaluación del currículo.

Evita introducir información sensible sobre tus estudiantes en la plataforma.

Complementa la IA con tu mirada docente: la empatía, el juicio profesional y el conocimiento profundo del grupo no pueden automatizarse.

Involucra al alumnado en el proceso: explícales cómo se generó la rúbrica o el feedback, y fomenta la autoevaluación guiada.

12.1. Estudiantes con dislexia, TDAH, TEA, altas capacidades, dificultades lingüísticas

Atender a la diversidad no significa individualizar en exceso, sino ofrecer múltiples formas de acceso, participación y expresión para que cada estudiante pueda aprender desde sus fortalezas y ritmos. La IA no sustituye la intervención educativa, pero sí puede facilitar procesos de adaptación, motivación y comprensión, especialmente cuando las necesidades superan la capacidad de personalización del docente en solitario.

A continuación, se presentan perfiles de alumnado con necesidades comunes en el aula ordinaria:

Dislexia: dificultad en la decodificación y fluidez lectora, confusión de letras, lentitud en la comprensión de textos.

TDAH: inatención, impulsividad, dificultad para mantener la concentración o seguir instrucciones complejas.

TEA (Trastorno del Espectro Autista): alteraciones en la comunicación social, necesidad de rutinas, literalidad, hipersensibilidad a estímulos.

Altas capacidades intelectuales: pensamiento abstracto precoz, creatividad, ritmo acelerado de aprendizaje, aburrimiento con tareas repetitivas.

Dificultades lingüísticas: estudiantes recién llegados sin dominio del idioma, alumnado plurilingüe, o con trastorno específico del lenguaje (TEL).

12.2. Herramientas y adaptaciones con IA para cada caso

La IA puede actuar como un "multiplicador de apoyos", siempre que esté supervisada por el juicio pedagógico. Aquí se muestran algunas herramientas útiles:

Perfil de alumnado	Herramienta con IA	Función adaptativa
Dislexia	BeeLine Reader, Speechify, Sora	Lectura con apoyo auditivo y visual
TDAH	Freedom, Forest, ChatGPT (modo resumen)	Reducción de estímulos, planificación estructurada
TEA	DALL·E, Canva IA, Brisk Teaching	Apoyos visuales, secuencias claras, refuerzo estructural
Altas capacidades	Khanmigo, Curipod, Suno	Enriquecimiento curricular, retos creativos y lógicos
Dificultades lingüísticas	Diffit, Immersive Reader, Google Translate	Textos adaptados por nivel de lectura y comprensión lingüística

12.3. Buenas prácticas y ejemplo real paso a paso con Diffit

Buenas prácticas generales:

- Combinar la tecnología con metodologías inclusivas como DUA o aprendizaje cooperativo.
- Ofrecer materiales en varios niveles, formatos y modalidades (visual, auditivo, interactivo).
- No usar la IA para etiquetar, sino para abrir caminos.
- Implicar al alumnado en su proceso de aprendizaje, preguntando qué les funciona mejor.

Ejemplo práctico: cómo usar Diffit paso a paso para adaptar un texto de Ciencias Sociales

Situación: una clase de 5.º de Primaria está estudiando el relieve de España. Tres estudiantes tienen dificultades lectoras y otro no domina aún el español.

Paso 1. Elegir el contenido Seleccionamos un texto informativo del libro de texto sobre las principales cordilleras y sistemas montañosos de España (500 palabras, con vocabulario técnico).

Paso 2. Ir a Diffit Accedemos a https://www.diffit.me, una herramienta gratuita con opciones en español.

Paso 3. Insertar el texto Copiamos el texto original o introducimos una URL del recurso que queremos adaptar.

Paso 4. Seleccionar nivel educativo Indicamos el curso: 5.º de Primaria.

Paso 5. Elegir nivel de lectura Diffit ofrece 3 niveles: fácil, medio y avanzado. Elegimos "fácil" para los tres estudiantes con dificultades lectoras y "medio" para el alumno con competencia B1 en español.

Paso 6. Personalizar el material La plataforma genera:

Un resumen del texto en lenguaje claro.

Una lista de palabras clave con definiciones.

Preguntas de comprensión adaptadas.

Actividades interactivas imprimibles o digitales.

Opción de lectura con voz (si se conecta con otras apps).

Paso 7. Entregar de forma diferenciada Usamos el material adaptado solo con quienes lo necesitan, mientras el resto trabaja con el texto original. Al final, se realiza una puesta en común cooperativa.

"La IA nos ha permitido que todos accedan al contenido, sin bajar el nivel, pero sí ajustando la forma" — Laura, maestra de 5.º de Primaria.

12.4. Peligros de sobrediagnóstico algorítmico y soluciones éticas

Aunque la IA puede sugerir niveles de competencia, es peligroso confiar ciegamente en sus juicios. Un texto adaptado no equivale a un diagnóstico pedagógico. Hay plataformas que afirman detectar "perfil lector" o "nivel de comprensión", pero sus métodos no están siempre validados.

Riesgos:

Generar dependencia tecnológica sin comprensión real.

Usar resultados como excusas para no subir expectativas.

Etiquetar o limitar al alumno por lo que "la IA ha dicho".

Soluciones éticas:

La IA no sustituye las decisiones del equipo docente ni los informes psicopedagógicos.

Cualquier información debe ser triangulada: observación directa + juicio docente + herramienta.

Enseñar al alumnado a entender por qué recibe un material diferente, y que eso no es "menos", sino "más justo".

"La equidad no es tratar igual a todos, sino dar a cada uno lo que necesita para participar en igualdad" (

13.1. ¿Qué es el DUA y por qué aplicarlo en entornos educativos con IA?

El Diseño Universal para el Aprendizaje (DUA) es un enfoque proactivo de planificación educativa que busca garantizar el acceso, la participación y el éxito de todos los estudiantes. Inspirado en los principios del diseño universal en arquitectura (como las rampas que benefician a todos, no solo a personas con movilidad reducida), el DUA propone diseñar experiencias de aprendizaje inclusivas desde el origen, no adaptadas tras detectar la dificultad.

Desarrollado por el Center for Applied Special Technology (CAST), el DUA se basa en tres principios clave:

Proporcionar múltiples formas de representación (el *qué* del aprendizaje): cómo se presenta la información.

Proporcionar múltiples formas de acción y expresión (el *cómo*): cómo el estudiante interactúa y demuestra lo que sabe.

Proporcionar múltiples formas de implicación (el *por qué*): cómo se motiva, engancha y mantiene la atención del alumnado.

Estos principios se alinean con redes cerebrales distintas: reconocimiento, estrategia y afectiva (Meyer, Rose & Gordon, 2014). Por eso, el DUA no es una técnica, sino una filosofía pedagógica que permite planificar para la variabilidad humana.

13.2. ¿Cómo puede la inteligencia artificial ayudar a aplicar el DUA?

El gran reto del DUA ha sido su implementación práctica: requiere recursos variados, tiempo para diseñar alternativas, y capacidad de adaptación continua. Aquí es donde la IA se convierte en una aliada poderosa, ya que permite automatizar parte del trabajo flexible que el DUA exige.

La IA permite:

Adaptar textos a diferentes niveles de lectura en segundos (Diffit).

Generar explicaciones visuales, auditivas o escritas sobre el mismo contenido (Lumen5, Canva, ChatGPT).

Crear múltiples formas de evaluación y expresión sin duplicar el esfuerzo docente (Tome, Brisk, Sora).

Diseñar actividades motivadoras y personalizadas (Curipod, Suno).

Recoger y analizar evidencia del aprendizaje para retroalimentar con equidad (Brisk Teaching).

La IA no sustituye el DUA, pero reduce sus barreras de implementación al facilitar opciones variadas sin perder calidad pedagógica.

13.3. Características del DUA potenciadas por la IA

Principio DUA	Acción concreta con IA	Herramienta sugerida
Representación	Ofrecer textos adaptados a distintos niveles	Diffit, Immersive Reader

Representación	Convertir texto en vídeo, audio o imagen	Lumen5, Sora, DALL·E
Acción y expresión	Generar distintas vías para demostrar lo aprendido	Tome, Canva, Suno, ChatGPT
Implicación	Permitir elección y gamificación	Curipod, Brisk Teaching, Khanmigo
Evaluación	Crear rúbricas comprensibles y adaptadas	Brisk Teaching, Google Forms IA

"La IA ofrece al docente un taller de herramientas flexibles para que el aprendizaje sea accesible, riguroso y motivador para todos" (UNESCO, 2023, p. 112).

13.4. Ventajas de combinar DUA e inteligencia artificial

Equidad sin etiquetas: al diseñar con flexibilidad desde el principio, nadie es "la excepción".

Participación activa: cada estudiante puede elegir cómo aprender y cómo demostrar su aprendizaje.

Reducción de barreras: la IA genera recursos accesibles para dislexia, TEL, TEA, TDAH, etc.

Ahorro de tiempo docente: tareas repetitivas como adaptar textos o crear rúbricas se automatizan.

Fomento de la autonomía: los alumnos aprenden a elegir herramientas, formatos y ritmos.

13.5. Inconvenientes y precauciones

Riesgo de delegar la planificación en la IA: el DUA exige intención pedagógica, no plantillas automáticas.

Uso superficial de la IA: si solo se usa para "diversificar por diversificar", sin análisis del grupo.

Brecha digital: si no se garantiza acceso, la IA puede ampliar desigualdades.

Fatiga del docente: incorporar muchas opciones sin

organización puede agotar en lugar de liberar.

El DUA debe ser implementado con estrategia, foco en el objetivo y uso consciente de los recursos disponibles.

13.6. Aspectos éticos al aplicar DUA con inteligencia artificial

Protección de datos: cuidado con plataformas que almacenan información personal o sensible.

Evitar decisiones automáticas sobre lo que "puede" o "no puede" hacer un estudiante.

No identificar a los alumnos por lo que "la IA detecta": siempre validar con observación profesional.

Fomentar la participación del alumnado en el diseño de su propio proceso: el DUA no se impone, se co-construye.

"El diseño inclusivo con IA debe respetar los derechos, la dignidad y el protagonismo de cada estudiante" (CAST, 2018).

13.7. Dos casos reales: DUA + IA en acción

Caso 1. Educación Primaria – 5.° de Primaria: "Exploramos los ecosistemas"

Objetivo: comprender los componentes y equilibrio de un ecosistema.

Paso 1. Representación

Vídeo generado con Lumen5 a partir de texto.

Texto adaptado con Diffit en 3 niveles: original, lectura fácil, resumen visual.

Pósteres con Canva IA (imágenes generadas con texto).

Paso 2. Expresión

Elección libre entre:

Redacción guiada por ChatGPT (modo estructurador).

Mapa visual del ecosistema con DALL·E + Canva.

Vídeo de explicación oral con Tome.

Paso 3. Implicación

Trabajo en grupos con elección de formato y ecosistema.

Rúbrica generada con Brisk, revisada con el alumnado.

Evaluación: observación, producto final y autoevaluación.

Caso 2. Educación Secundaria – 3.º de ESO: "Debatimos con datos"

Tema: texto argumentativo – "¿Deberían prohibirse los teléfonos móviles en el aula?"

Paso 1. Representación

Presentación interactiva con Curipod (preguntas, vídeo, estadísticas).

Lecturas adaptadas en 2 niveles con Diffit.

Búsqueda de información con ayuda de ChatGPT, enseñando a verificar fuentes.

Paso 2. Expresión

Opciones:

Ensayo escrito con esquema IA.

Podcast argumentativo (guión + audio con IA).

Infografía con Canva o exposición con Sora.

Paso 3. Implicación

Elección del formato final.

Evaluación mediante rúbrica Brisk + coevaluación grupal.

Conclusión

Aplicar el DUA con inteligencia artificial no significa tecnificar la inclusión, sino multiplicar sus posibilidades reales en el aula. El docente sigue siendo quien observa, decide, escucha y acompaña. La IA es solo una herramienta que permite que lo que antes era deseable (personalizar, motivar, adaptar) hoy sea posible sin duplicar el esfuerzo.

"El DUA con IA es un acto de justicia pedagógica: diseñamos no para algunos, sino para todos".

14.1. La opinión del alumnado

Aunque gran parte del debate sobre la inteligencia artificial en educación gira en torno a la formación docente, los riesgos éticos o el desarrollo curricular, rara vez se consulta al alumnado sobre cómo vive, entiende y se relaciona con la IA. Y, sin embargo, ellos son los usuarios finales, los protagonistas del proceso.

Escuchar su voz es imprescindible para diseñar propuestas verdaderamente inclusivas, motivadoras y éticas. Como señala el informe de la UNESCO (2023), "una educación centrada en el estudiante debe incluir también su opinión sobre las tecnologías que forman parte de su experiencia escolar" (p. 89).

Testimonios reales (simulados) recogidos en diferentes etapas:

David, 10 años (Primaria)

"Me gusta cuando la profe usa la IA para hacer vídeos. Entiendo mejor. Aunque a veces no entiendo bien lo que dice el robot."

Lucía, 12 años (1.º ESO)

"Una vez usé ChatGPT para que me ayudara a explicar una historia. No me hizo la tarea, pero me dio ideas. Me ayudó a empezar."

Bilal, 14 años (3.º ESO, alumno NEAE)

"A mí me cuesta leer, pero la profe me da los textos con pictos y audio. Me siento más capaz. No soy el último ahora."

Nayara, 15 años (4.º ESO)

"Me da miedo que nos vigilen con la IA. ¿Y si todo lo que hacemos queda guardado? Prefiero que los profes me evalúen ellos, no una máquina."

Estos testimonios reflejan curiosidad, utilidad, dudas y también preocupaciones. Dar espacio a estas voces permite mejorar la implementación y humanizar el proceso.

14.2. Reflexión sobre su rol como creadores, no solo consumidores

Uno de los mayores riesgos de la IA en la escuela es que el alumnado se limite a consumir contenido generado automáticamente, sin ejercer un papel activo ni crítico. El verdadero potencial educativo de la IA no está en automatizar la enseñanza, sino en convertir a los estudiantes en diseñadores de contenido, en pensadores creativos, en ciudadanos digitales responsables.

Ejemplos de transformación de rol:

Rol pasivo	Rol activo con IA
Ver un vídeo generado por IA	Crear un vídeo propio con guion IA
Leer un resumen generado	Corregir, editar y mejorar el texto de la IA
Usar imágenes IA	Dibujar o rediseñar a partir de esas imágenes
Escuchar una canción IA	Componer la letra con ayuda de IA y grabarla

Además, es fundamental explicar cómo funciona la IA, sus limitaciones, sus sesgos y su falta de comprensión real. Esto desarrolla una ciudadanía algorítmica consciente, que no delega sus decisiones a una máquina.

"La alfabetización digital del siglo XXI no es solo saber usar tecnología, sino entender cómo influye en lo que vemos, pensamos y decidimos" (Luckin et al., 2016, p. 12).

14.3. Importancia de educar en ciudadanía algorítmica desde la voz del alumnado

La ciudadanía algorítmica implica formar a los estudiantes

no solo como usuarios técnicos, sino como sujetos capaces de:

Identificar sesgos y errores en la información generada por IA.

Comprender cómo se toman decisiones algorítmicas en plataformas y redes.

Ejercer su derecho a la privacidad, la protección de datos y la desconexión digital.

Participar en la construcción ética de la tecnología desde la infancia.

Para ello, es clave:

Incluir espacios de diálogo sobre IA en clase (tutoría, lengua, ética, tecnología).

Usar la IA como recurso para el pensamiento crítico, no como verdad absoluta.

Enseñar con ejemplos reales: deepfakes, bulos generados, traducciones erróneas, etc.

Empoderar al alumnado para que proponga normas de uso responsable en el aula.

"No queremos estudiantes que usen bien la IA. Queremos estudiantes que la comprendan, la cuestionen y la transformen" (Zimmerman, 2019, p. 57).

Actividad propuesta: Asamblea sobre la IA

Objetivo: conocer la percepción del alumnado y codiseñar un decálogo de buen uso.

Etapas:

Reunión grupal: ¿Qué saben de la IA? ¿Qué experiencias han tenido?

Discusión orientada: ¿Qué les gusta? ¿Qué les preocupa?

Lluvia de ideas: ¿Qué normas deberíamos tener en clase?

Elaboración conjunta de un decálogo ético del uso de IA en el aula.

Exposición y revisión anual del documento.

Esta actividad convierte al alumnado en parte activa del proceso de transformación educativa, y fortalece su sentido de pertenencia, responsabilidad y ciudadanía digital.

Conclusión

Si hablamos de personalización, ética y equidad, no podemos hacerlo sin contar con la mirada del alumnado. Escuchar lo que piensan, sienten y desean respecto a la inteligencia artificial no es opcional: es pedagógicamente imprescindible. Ellos son los que convivirán con estas tecnologías en su vida diaria. Que la escuela les enseñe no solo a usarlas, sino a hablar de ellas, comprenderlas y transformarlas es una cuestión de justicia educativa.

BONUS 1. Checklist ético para el uso docente de la inteligencia artificial en el aula

Antes de implementar una herramienta de inteligencia artificial en el contexto educativo, conviene revisar los siguientes criterios éticos, pedagógicos y legales para garantizar un uso responsable y respetuoso con la diversidad del alumnado.

1. Seguridad y privacidad

La herramienta cumple con la normativa vigente (LOPDGDD, RGPD, etc.).

Evita almacenar o procesar datos personales sensibles del alumnado (nombre, imagen, voz, resultados).

Se han leído y comprendido los términos de uso y la política de privacidad.

La cuenta utilizada es institucional o educativa, no personal.

No se comparten contenidos identificables del alumnado en plataformas abiertas o sin control.

2. Enfoque pedagógico

El uso de la IA responde a un objetivo educativo justificado.

La herramienta complementa, pero no sustituye, el juicio pedagógico del docente.

Su aplicación está alineada con el currículo y con el desarrollo de competencias.

Se combina con metodologías activas y no se utiliza como recurso único o aislado.

El docente revisa críticamente el contenido generado antes de utilizarlo en el aula.

3. Equidad y accesibilidad

Todos los alumnos tienen acceso a la propuesta en

condiciones equitativas.

Se ofrecen opciones adaptadas a estudiantes con necesidades específicas de apoyo educativo (NEAE).

La IA se utiliza como herramienta de apoyo a la diversidad, no de uniformización.

Se contempla una alternativa analógica o presencial cuando la tecnología no es viable.

Transparencia y alfabetización digital

El alumnado comprende qué es la inteligencia artificial y cómo funciona la herramienta utilizada.

Se fomenta el pensamiento crítico sobre los resultados generados por la IA.

El alumnado participa en la reflexión sobre el uso responsable, ético y seguro de estas tecnologías.

No se toman decisiones automatizadas sobre el progreso o nivel del alumnado sin intervención docente.

Este checklist debe ser entendido como una guía práctica para un uso educativo consciente de la inteligencia artificial. La ética educativa no se delega a las máquinas: sigue siendo una responsabilidad humana.

Criterio	Nivel 1	Nivel 2	Nivel 3	Nivel 4
Privacidad y protección de datos	No se han consultado los términos ni se protege la información personal del alumnado.	Hay cierta conciencia sobre privacidad, pero sin aplicar medidas consistentes.	Se aplican medidas básicas de protección de datos y se evita compartir información sensible.	Se garantiza el cumplimiento normativo, se revisan los términos de uso y se protege activamente la privacidad del alumnado.
Finalidad pedagógica del uso de IA	Se utiliza la IA sin un objetivo didáctico claro o como sustituto del docente.	Se usa con intención educativa, pero sin conexión evidente con el currículo.	La IA se integra con sentido pedagógico y coherencia con las competencias.	El uso está perfectamente alineado con los objetivos educativos y mejora la práctica docente.

Accesibilidad y atención a la diversidad	La IA no contempla las diferencias del alumnado ni ofrece opciones adaptadas.	Existen algunas adaptaciones, pero no sistemáticas ni integradas.	Se ofrecen alternativas para NEAE y se ajusta la propuesta según el grupo.	Se diseña desde el principio para la diversidad, aplicando principios del DUA con apoyo de la IA.
Revisión docente y supervisión del contenido generado	Se usa el contenido generado por IA sin revisión previa.	Se revisa ocasionalmente, sin sistematización.	Se revisa y adapta el contenido según las necesidades del grupo.	El contenido se revisa críticamente, se edita, se contextualiza y se transforma en material didáctico significativo.
Transparencia y formación del alumnado	El alumnado no sabe que se está usando IA ni cómo funciona.	Se informa al alumnado, pero sin explicación clara ni participación.	El alumnado comprende el uso de la IA y participa en actividades relacionadas.	Se educa activamente en ciudadanía algorítmica, pensamiento crítico y ética digital con participación activa del alumnado.

BONUS 2. Carta informativa para las familias

Título sugerido: Uso educativo de la inteligencia artificial en el aula: información para las familias

Estimadas familias:

Vivimos en un mundo en el que la tecnología forma parte de nuestro día a día, y la escuela no puede quedarse al margen de esta transformación. Una de las innovaciones más relevantes de los últimos años es la inteligencia artificial (IA), una herramienta que ya se usa en muchas áreas de nuestra vida —como los asistentes virtuales, las recomendaciones en plataformas de vídeo o los traductores automáticos— y que también puede tener un lugar útil y seguro en el ámbito educativo.

Desde el centro, queremos compartir con ustedes cómo estamos utilizando algunas herramientas basadas en IA de forma pedagógica, segura y ética, siempre con el fin de mejorar la experiencia de aprendizaje de sus hijos e hijas.

¿Qué es la inteligencia artificial?

La IA es un conjunto de sistemas que permiten a las máquinas realizar tareas que normalmente requieren inteligencia humana, como comprender textos, generar imágenes, responder preguntas o adaptarse al nivel de un alumno. En el aula, nos puede ayudar a:

Adaptar textos a distintos niveles de lectura.

Ofrecer explicaciones en diferentes formatos (texto, vídeo, audio).

Generar actividades o rúbricas que faciliten la evaluación personalizada.

Fomentar la creatividad y el pensamiento crítico del alumnado.

¿Cómo la estamos utilizando en clase?

Las herramientas que empleamos están previamente seleccionadas por el equipo docente y cumplen con los principios de seguridad y privacidad requeridos. Algunas de las más utilizadas son:

Diffit: para adaptar lecturas.

Brisk Teaching: para crear rúbricas claras y ofrecer retroalimentación.

Lumen5, Canva, ChatGPT: para trabajar la expresión escrita, oral y visual.

Curipod o Suno: para gamificar contenidos o crear materiales creativos.

En todo momento, el uso de la IA está supervisado por el profesorado, y se adapta a la edad y nivel del grupo. Además, se trabaja con el alumnado para que entienda cómo funciona esta tecnología, y cómo utilizarla con sentido crítico y responsabilidad.

¿Qué garantías ofrecemos?

No se recogen datos personales del alumnado en ninguna herramienta sin consentimiento.

No se automatizan decisiones sobre el progreso del alumnado.

Todo contenido generado es revisado por el profesorado antes de ser utilizado.

Se ofrece siempre una alternativa a los recursos digitales, si alguna familia lo solicita.

¿Cómo pueden colaborar desde casa?

Hablen con sus hijos e hijas sobre qué hacen en clase con estas herramientas.

Anímenlos a preguntar, explorar y reflexionar sobre cómo se usan.

Si tienen dudas o inquietudes, no duden en contactar con el tutor/a o con el equipo del centro.

Creemos firmemente que la inteligencia artificial no viene a sustituir la educación, sino a complementarla. Y siempre que se use con sentido ético, puede ser una gran aliada para personalizar el aprendizaje, atender la diversidad y preparar a nuestros estudiantes para un mundo cambiante.

Gracias por acompañarnos también en este proceso de transformación educativa.

Reciban un cordial saludo,

BONUS 3. Banco de ideas: 10 situaciones de aprendizaje con IA

Título	Etapa	Áreas implicadas	Herramientas IA	Producto final	Breve descripción
Cuidamos nuestro planeta	3.º Primaria	CCNN, Lengua, Plástica	DALL·E, Canva, Suno	Campaña digital (póster + canción)	Creación de materiales para concienciar sobre el reciclaje.
Detectives	4.º	Lengua	Diffit,	Lecturas	Lectura por

del texto	Primar ia		ChatGPT	adaptadas y guía de comprensi ón	niveles y elaboración de actividades colaborativ as.
Un museo de historia en digital	6.º Primar ia	Sociales, Plástica	DALL·E, Tome, ChatGPT	Exposición virtual de figuras históricas	Creación de biografías, imágenes y presentacio nes sobre personajes relevantes.
Viaje por los biomas del mundo	1.º ESO	Biología, Geografía	Lumen5, Canva, ChatGPT	Vídeos educativos	Creación de vídeos por equipos sobre ecosistemas y biodiversid ad.
¿Mito o realidad?	2.º ESO	Lengua, Tutoría	ChatGPT, Curipod	Debate y análisis de bulos	Lectura crítica de textos generados con IA y propuestas de verificación .
Construya mos una ciudad sostenible	5.º Primar ia - 2.º ESO	Matemátic as, Sociales, Tecnologí a	DALL·E, Brisk, Canva	Maqueta y presentació n interactiva	Diseño colaborativ o de ciudades con criterios de sostenibilid ad.
Una historia, tres versiones	5.º Primar ia	Lengua, Plástica	ChatGPT, DALL·E	Libro ilustrado con tres estilos narrativos	Reescritura de una historia base desde diferentes

					géneros.
Entrevista con un personaje del pasado	1.º ESO	Historia, Lengua	ChatGPT, Tome	Entrevista simulada y presentació n oral	Investigaci ón y simulación de una entrevista con un personaje histórico.
Mi profe robot me ayuda a repasar	6.º Primar ia	Todas	Brisk, Khanmigo	Plan de repaso personaliza do	Diagnóstic o y diseño de actividades de repaso con ayuda de IA.
Ciberconse je-ros en acción	2.º ESO	Tutoría, Ciudadaní a, TIC	Canva, ChatGPT, Curipod	Campaña de sensibilizac ión	Diseño de materiales para promover un uso seguro y responsable de Internet.

ACCESO A CONTENIDO EXCLUSIVO

Este libro no termina en la última página.

La Inteligencia Artificial avanza cada día y quiero que tú también lo hagas. Por eso, he creado una **Zona Exclusiva** en mi web reservada únicamente para los lectores de esta guía.

¿Qué encontrarás dentro?

Accederás a un **área privada para lectores y lectoras de la serie *IA + Educación*.** Descubre recursos ampliados, propuestas prácticas, situaciones de aprendizaje, prompts actualizados y las últimas actualizaciones en aplicaciones y herramientas para integrar la IA de forma ética y eficaz.

Accede a:

https://www.xn--ensearconia-4db.es/contenido-exclusivo-iaenelaula-area-privada

Introduce la siguiente contraseña: **IAEDUCATIVA**

ACTUALIZACIÓN NOVIEMBRE 2025

Nuevas fronteras: Audio-aprendizaje, multimodalidad y "súper-asistentes"

La inteligencia artificial avanza a una velocidad vertiginosa. Desde que escribí las primeras páginas de este libro, han surgido herramientas que han redefinido lo que es posible en el aula. Si bien los fundamentos pedagógicos que hemos visto (ética, personalización, DUA) permanecen intactos, el "kit de herramientas" del docente se ha expandido.

En este anexo, quiero presentarte **cuatro evoluciones clave** que están marcando el curso escolar 2025/26 y que complementan perfectamente lo que ya has aprendido.

1.1. La Revolución del Audio-Aprendizaje: Google NotebookLM

Si en el **Capítulo 13** hablábamos del DUA y la importancia de ofrecer múltiples formas de representación, esta herramienta es el ejemplo perfecto. **¿Qué es?** NotebookLM es una IA de Google diseñada para "chatear" con tus propios documentos. A diferencia de ChatGPT, que usa información de todo internet, NotebookLM se limita estrictamente a los PDF, Google Docs o enlaces web que tú le subas. Esto reduce casi a cero las "alucinaciones" o datos inventados.

La función estrella: El Podcast. Esta herramienta es capaz de leer tus documentos y generar automáticamente una conversación de radio (podcast) entre dos locutores artificiales que discuten, resumen y analizan tu material.

Usos pedagógicos:

Accesibilidad instantánea: Sube los apuntes de la asignatura y genera el podcast para que estudiantes con dislexia o dificultades visuales puedan escuchar la lección como si fuera un programa de radio.

Repaso en movimiento: Los estudiantes pueden escuchar el resumen de los temas mientras van en el autobús o hacen deporte.

Análisis curricular para docentes: Sube el decreto oficial de tu comunidad (BOE/BOC) y pregúntale: *"¿Qué criterios de evaluación específicos debo aplicar para la situación de aprendizaje sobre el agua en 3.º de Primaria?"*.

Te responderá basándose solo en la ley.

1.2. De "Leer" a "ver y oír": La IA multimodal

En el libro hemos hablado mucho de *prompts* de texto (Capítulo 10). Sin embargo, los nuevos modelos (como GPT-5o o Gemini) ahora son multimodales nativos. Esto significa que pueden ver, escuchar y hablar en tiempo real.

Nuevas estrategias para el aula:

El tutor de matemáticas visual: En lugar de darle la solución, el alumno puede subir una foto de su ejercicio hecho a mano donde se ha atascado.

Prompt sugerido: "Mira esta foto de mi ejercicio. No me digas la solución, solo dime en qué paso he cometido el error lógico y dame una pista para seguir."

Conversación en idiomas: Ya es posible mantener una conversación fluida oral en inglés o francés con la IA, corrigiendo la pronunciación al instante. Es como tener un auxiliar de conversación nativo disponible 24/7.

Accesibilidad del entorno: Un alumno puede hacer una foto a un objeto o texto del aula y pedir a la IA que lo describa, lo traduzca o lo explique.

1.3. Más allá de ChatGPT.

Aunque ChatGPT sigue siendo el referente, han surgido dos competidores que aportan matices muy interesantes para la educación:

Claude (de Anthropic): El "lector voraz" y empático

Por qué usarlo: Tiene un tono mucho más natural y "humano" que ChatGPT. Además, su "ventana de contexto" es enorme: puedes subirle un libro entero de lectura obligatoria y pedirle que analice la evolución psicológica de un personaje secundario a lo largo de los 20 capítulos.

Artifacts: Claude permite ver el contenido generado (código, esquemas, documentos) en una ventana lateral separada del chat, ideal para visualizar la información mientras conversas.

Perplexity: El Investigador fiable

Por qué usarlo: Funciona como un buscador vitaminado. Para trabajos de investigación en Secundaria y Bachillerato, es más seguro que ChatGPT porque cita siempre las fuentes reales de donde saca la información. Ayuda al alumnado a contrastar la veracidad de los datos.

1.4 Evaluación 2.0: La "defensa oral simulada"

Según algún que otro detector de IA, la Declaración de Independencia de los EE.UU. fue, "probablemente", escrita por inteligencia artificial. SÍ. Has leído bien. Si el software es capaz de confundir a Thomas Jefferson con un algoritmo, ¿realmente vamos a confiar en él para juzgar la honestidad de nuestro alumnado?

La realidad es incómoda: la batalla tecnológica contra la IA está perdida. Los detectores (GPTZero, Turnitin, etc.) generan falsos positivos con textos originales y se "comen" respuestas de ChatGPT, especialmente en textos cortos o traducidos.

Por ello, la solución a este problema no es tecnológica: es pedagógica. Y la LOMLOE nos da el marco perfecto para abordarlo. Algunas de las estrategias que yo uso son las siguientes:

2.1. Prevención: La IA no tiene "vivencias".

La IA es una enciclopedia infinita, pero no tiene recuerdos. Si preguntas "¿Qué es la fotosíntesis?", ChatGPT saca un 10.

Pero si pides a la IA "Explica la fotosíntesis comparando la planta de clase con la del patio", la respuesta va a ser errónea.

La estrategia está en diseñar actividades ancladas a la realidad del aula. La IA no sabe qué chiste contaste ayer ni qué pasó en el recreo...

2.2. Identificación: El método "Sherlock Holmes" Olvídate del software.

En niños de 6 a 12 años, tu intuición docente es infalible ante estas señales:

A. Vocabulario de señor mayor: ¿Un alumno de 4º usando "por consiguiente" o "en última instancia"? Raro.

B. Gramática de robot: Párrafos simétricos, sin dudas, sin emociones y sin las típicas repeticiones infantiles ("y luego... y luego...").

C. Neutralidad: Los niños opinan con pasión. La IA es "plana" y políticamente correcta.

2.3. Evaluación LOMLOE: El proceso mata al producto.

Deja de evaluar solo el folio impreso (el producto final).

A. Valora el borrador: Pide los esquemas tachados, los mapas mentales a mano y los errores previos. Ahí está el aprendizaje real.

B. La Defensa oral: Es la prueba del algodón. "Muy buen

trabajo. Ahora explícame con tus palabras qué significa 'intrínseco'". Si no sabe explicarlo, no es suyo.

c. De "copiar" a "falta de competencia digital"

Aquí está el cambio de chip clave. Si detectas uso de IA, no lo trates solo como una trampa. Evalúalo como una falta de desarrollo en la Competencia Digital (uso ético y crítico de la tecnología).

Nuestro objetivo no es prohibir la herramienta, sino enseñar que la IA sirve para ayudar a pensar, no para dejar de pensar.

La figura docente es insustituible. La IA potencia nuestra labor.

¿Demasiadas herramientas de IA y poco tiempo para aclararse?

Sentirse abrumado por la cantidad de nuevas aplicaciones de inteligencia artificial es una sensación cada vez más común en el ámbito docente. La clave no es dominarlas todas, sino saber exactamente cuál usar para cada tarea específica. Disponer de una guía clara permite no solo ahorrar un tiempo valioso, sino también potenciar la capacidad de personalizar la enseñanza y atender a la diversidad del alumnado. Este artículo es esa guía práctica: un mapa directo para que sepas qué herramienta específica de IA educativa —Brisk, Diffit, ChatGPT o NotebookLM— es la más adecuada para cada momento de tu trabajo. El objetivo es que, al terminar de leer, tengas una visión clara para integrar estas herramientas de inteligencia artificial para docentes de forma estratégica y eficaz.

3.1. Brisk Teaching: El especialista en la creación rápida de materiales

¿Qué es y para qué sirve?

Brisk es una herramienta diseñada para la creación y adaptación de materiales didácticos a gran velocidad. Sus funciones principales se centran en generar actividades, fichas de trabajo y cuestionarios en segundos. Además, permite adaptar textos existentes y convertir documentos PDF o páginas web en recursos listos para usar en el aula de forma casi instantánea.

¿Cuándo usarlo en tu día a día docente?

• Para generar actividades en segundos: Ideal cuando necesitas una ficha de refuerzo de última hora sobre un tema concreto o una actividad de calentamiento para empezar la clase.

• Para adaptar un texto rápidamente: Muy útil si un artículo es demasiado complejo y necesitas una versión más simple para que el alumnado tenga un primer contacto con el contenido.

• Para crear evaluaciones autocorregibles: Perfecto para generar cuestionarios de repaso que te ahorren tiempo en la corrección y te den feedback inmediato sobre la comprensión del grupo.

¿Cuándo es mejor buscar otra opción?

No es la herramienta adecuada para adaptaciones pedagógicas profundas o para el diseño de tareas abiertas y complejas. Su enfoque es la rapidez y la eficiencia en la generación de materiales estructurados, no la complejidad pedagógica o el fomento de la creatividad sin guion.

Ejemplo práctico y beneficios para la diversidad (DUA)

Un profesor de Primaria usa Brisk para convertir una noticia de un periódico digital en un cuestionario de comprensión lectora con tres niveles de dificultad. Lo consigue en menos de cinco minutos. Su principal beneficio para la educación inclusiva es el enorme ahorro de tiempo en tareas mecánicas, lo que libera al docente para poder dedicar más energía al apoyo individualizado y a la interacción directa con sus estudiantes.

3.2 Diffit: El experto en diferenciar y adaptar contenidos

¿Qué es y para qué sirve?

Diffit es la herramienta por excelencia para la diferenciación y la adaptación de textos. Su especialidad es coger un contenido existente y transformarlo para que sea accesible para todo el alumnado. Sus capacidades clave incluyen simplificar textos para distintos niveles de lectura, preparar versiones DUA de un mismo material y, en general, crear recursos accesibles para estudiantes con dificultades específicas.

Cuándo usarlo en tu día a día docente

• Para simplificar un texto complejo: Cuando el libro de texto de Ciencias Sociales es demasiado denso para una parte del alumnado y necesitas una versión más directa y clara.

• Para preparar versiones DUA: Antes de empezar un tema nuevo, puedes crear tres versiones del texto base (una simplificada, otra con vocabulario clave resaltado y la estándar) para ofrecer opciones desde el principio.

• Para crear materiales accesibles: Es un gran apoyo para estudiantes con dificultades específicas de lectura, ya que permite ajustar la complejidad léxica y sintáctica del contenido.

• Para ofrecer múltiples vías de acceso al contenido: Sin tener que crear materiales desde cero, puedes generar un glosario, preguntas de repaso o puntos clave sobre el texto original, ofreciendo varias formas de interactuar con la información.

Cuándo es mejor buscar otra opción

No se debe usar para el diseño completo de materiales desde cero. La gran fortaleza de Diffit es trabajar sobre un contenido que ya existe (un artículo, un PDF, un texto copiado). No es un generador de contenido original, sino un potente adaptador.

Ejemplo práctico y beneficios para la diversidad (DUA)

Una profesora de Secundaria adapta un artículo sobre la Revolución Industrial con Diffit para generar una versión en lectura fácil y un glosario con los términos más importantes.

Este proceso, que manualmente llevaría horas, se completa en minutos. Diffit es una herramienta fundamental para aplicar los principios del DUA (Diseño Universal para el Aprendizaje) al adaptar materiales de forma eficiente, garantizando que todos los estudiantes puedan acceder a la información clave.

3.3. ChatGPT: El diseñador de experiencias de aprendizaje complejas

¿Qué es y para qué sirve?

ChatGPT funciona como un asistente pedagógico versátil, ideal para tareas que requieren un diseño profundo y complejo. En lugar de generar fichas rápidas, su punto fuerte es ayudarte a conceptualizar y estructurar experiencias de aprendizaje completas, como Situaciones de Aprendizaje (SA), proyectos, rúbricas detalladas y feedback constructivo.

Cuándo usarlo en tu día a día docente

• Para diseñar Situaciones de Aprendizaje completas: Es un excelente co-diseñador al planificar una unidad didáctica desde cero, ya que puede ofrecerte ideas, una estructura secuenciada, ejemplos de actividades y conexiones curriculares.

• Para crear rúbricas y criterios de evaluación: Puedes pedirle que desarrolle una rúbrica detallada para evaluar un proyecto, asegurando que los criterios sean claros, objetivos y estén bien definidos.

• Para generar adaptaciones curriculares específicas (ACNEAE): Es muy potente para pedirle que modifique una tarea concreta para un alumno con necesidades específicas, siguiendo las indicaciones pedagógicas que tú le proporciones.

Cuándo es mejor buscar otra opción

Su principal riesgo es usarlo para publicar o entregar materiales sin una revisión exhaustiva. La IA puede cometer errores, inventar información ("alucinar") o generar contenido que no se ajusta al contexto real de tu aula. La supervisión y validación del docente es absolutamente imprescindible.

Ejemplo práctico y beneficios para la diversidad (DUA)

Un equipo de docentes de Infantil utiliza ChatGPT para generar una lluvia de ideas y estructurar un proyecto sobre los ecosistemas. Le piden que incluya actividades manipulativas, sugerencias de cuentos y el diseño de una rúbrica de evaluación con pictogramas. Su gran valor para la educación inclusiva reside en su capacidad para generar adaptaciones muy específicas y para desarrollar tareas abiertas que permiten múltiples formas de participación y expresión por parte del alumnado.

4. NotebookLM: El conversor de apuntes a formatos multimodales

¿Qué es y para qué sirve?

NotebookLM es una herramienta única que transforma tus propios documentos y apuntes en nuevos formatos de contenido. Su función no es crear información nueva, sino reprocesar la que tú le proporcionas. Es ideal para convertir apuntes de texto en guiones para vídeos o audios, crear podcasts explicativos y ofrecer al alumnado una forma de repaso autónomo donde pueden "conversar" con el material de estudio.

Cuándo usarlo en tu día a día docente

• Para crear un resumen en audio de tus apuntes: Perfecto para que el alumnado pueda repasar los conceptos clave mientras viaja en autobús o pasea.

• Para generar un guion de vídeo explicativo: Sube el PDF de un tema y pídele que extraiga las ideas principales y las estructure en un guion para grabar un vídeo corto.

• Para ofrecer una herramienta de repaso autónomo: Carga tus documentos del tema y permite que los estudiantes le hagan preguntas directamente al material para resolver sus dudas de forma independiente.

• Para idear contenido visual a partir de texto: Pídele que sugiera un esquema para una infografía o un mapa conceptual basado en tus apuntes, facilitando la creación de recursos visuales.

Cuándo es mejor buscar otra opción

No sirve para crear contenido desde cero. NotebookLM

necesita una fuente de información proporcionada por ti (tus PDFs, apuntes, documentos). No genera conocimiento nuevo, sino que trabaja y transforma el que ya posees.

Ejemplo práctico y beneficios para la diversidad (DUA)

Un profesor de Bachillerato sube sus apuntes sobre filosofía a NotebookLM y le pide que genere un podcast de 10 minutos resumiendo las ideas clave de Platón. Su gran aportación al DUA es que facilita ofrecer la misma información en múltiples formatos (texto, audio, vídeo), atendiendo así a las distintas preferencias y necesidades de aprendizaje de cada estudiante.

Cómo combinar las herramientas para un flujo de trabajo eficaz

Estas herramientas no solo son potentes por separado, sino que su verdadero potencial emerge al combinarlas en un flujo de trabajo coherente.

• Flujo para la atención a la diversidad: Un docente puede empezar usando Diffit para adaptar un texto base complejo, generando varias versiones con distintos niveles de dificultad. A continuación, puede usar ChatGPT para, a partir de esos textos ya adaptados, crear actividades específicas y variadas que se ajusten a las necesidades de cada grupo de estudiantes.

• Flujo para la creación de materiales: Un profesor puede subir sus apuntes a NotebookLM para generar automáticamente el guion de un vídeo explicativo. Una vez grabado el vídeo, puede usar Brisk para crear un cuestionario rápido y autocorregible que permita al alumnado evaluar su comprensión del contenido visual.

EPÍLOGO

La llegada de la inteligencia artificial a las aulas no es una moda ni una amenaza: es una realidad que requiere comprensión, reflexión y acción pedagógica. A lo largo de este libro hemos recorrido sus fundamentos, sus riesgos, sus posibilidades y sus aplicaciones reales. Hemos mostrado que la IA, bien empleada, puede ser un motor para personalizar el aprendizaje, favorecer la inclusión, estimular la creatividad y transformar la manera en que enseñamos y aprendemos.

Pero, sobre todo, hemos insistido en una idea clave: la tecnología no enseña, educan las personas. La IA puede acompañarnos, pero no puede sustituirnos. Nos ofrece nuevas herramientas, pero no puede reemplazar el vínculo, la escucha, la empatía o el juicio pedagógico. Por eso, el verdadero reto no es técnico, sino humano: cómo seguir siendo docentes con conciencia, con vocación y con mirada crítica en un mundo cada vez más automatizado.

La inteligencia artificial en el aula no debería alejarnos de lo esencial, sino ayudarnos a recuperar el tiempo y el espacio para lo que realmente importa: acompañar, inspirar y transformar vidas a través de la educación.

AVISO LEGAL

Este libro ha sido creado con fines exclusivamente formativos y divulgativos. Las marcas y nombres comerciales mencionados (como ChatGPT, Brisk Teaching, Sora, DALL·E, entre otros) son propiedad de sus respectivos titulares. El uso de sus nombres y logotipos en este documento se realiza con fines informativos y no implica ningún tipo de afiliación, patrocinio o respaldo por parte de las empresas propietarias.

Las herramientas tecnológicas descritas pueden estar sujetas a cambios, actualizaciones o condiciones de uso específicas. Se recomienda al lector verificar siempre los términos y políticas de privacidad de cada aplicación antes de su implementación en contextos educativos, especialmente en entornos con menores de edad.

El autor no se hace responsable del uso que terceros hagan del contenido de este libro ni de los resultados derivados del uso de las herramientas mencionadas. Toda utilización debe estar guiada por criterios pedagógicos, éticos y legales vigentes en el país o región del lector